KB074031

여진 문자와 언어 연구

김동소

지식과교양

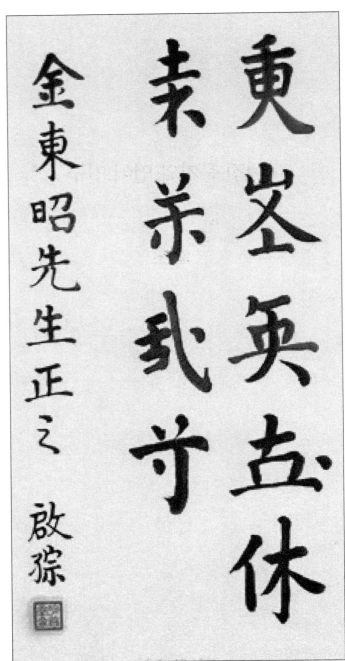

중국 여진어학자 진치충[金啓孮] 선생이 1985년 8월 저자(金東昭)에게 써준
여진자 휘호. 오른쪽 위로부터 '주션 우운 리 인 니 피칭'으로 읽고 '여진 문림
(文林)의 빛'이란 뜻이다.

女眞學之斗星

更盗帝佟素羊半來

為慶祝 金啓孮先生執教五十年

韓國 金東昭

여진 문자로 쓴 金東昭 이름의 도장. 오른쪽부터 아래로 '안춘 줄러 거훙'으로 읽고 '金, 동쪽, 밝음'이란 뜻이다.

저자(金東昭)가 진치충[金啓孮] 선생의 집교(執敎) 50년 기념으로 써 보낸 여진자 휘호. '주선 타티인 니 투 우시하'로 읽고 '여진학의 북두성'이란 뜻이다.

Studies in the Jurchen Script and Language

ISBN 978-89-6764-208-2 93700

© *Copyright 2024 by Kim Dongso*
Published by Knowledge and Education, Seoul

PRINTED IN THE REPUBLIC OF KOREA

머리말

국어국문학과에서 한국어 역사에 관한 연구와 강의를 하는 틈틈이 알타이 어학에 관심을 가졌고, 특히 만주어와 여진어에 흥미를 얻어 그쪽에 관한 논문을 써온 지 수십 년이 되었습니다.

알타이 여러 언어 중에서 가장 오래된 문헌어인 여진어에 손을 대고부터 좀더 많은 동학들이 이 언어에 관심을 가져서 함께 연구하기를 바랐는데, 유감스럽게도 여진어 연구는 국내 학자들의 관심을 끌지 못하여 혼자서 좀 외로운 연구를 해온 셈입니다. 따라서 그 연구 성과도 보잘것없는 것이 되었습니다. 젊은 학자들이 여진어 연구도 해 주기를 기대했지만, 최근에도 여진어 이야기가 나오면 나를 지목하는 일이 잦아좀 부끄럽기도 하고 안타깝기도 한 느낌이었습니다.

이제 나의 연구 생활도 거의 끝날 것 같아서, 그 동안 내가 발표했던 여진어 · 여진 문자에 관한 글들을 모아 한 권의 책으로 펴내어 보기로 합니다. 여기 실은 논문들과 그 발표 연도, 발표 지면은 다음과 같습니다.

- "北青 女眞字石刻의 女眞文 硏究", (1977.《국어국문학》 76호. 국어
  국문학회)
- "龍飛御天歌의 女眞語彙 硏究", (1977.《국어교육연구》 9집. 경북대
  학교 사범대학 국어교육과)
- "(서평) 여진의 언어와 문자 연구 —기사부로 N. 키요세 지은--",
  (1979.《한글》 163호. 한글학회)
- "女性指稱의 女眞語詞 硏究", (1983.《여성문제연구》 12집. 효성여
  자대학교 한국여성문제연구소)
- "慶源 女眞字碑의 女眞文 硏究". (1988.《효대 논문집》 36집. 효성
  여자대학교 출판부)
- "여진 문자의 연구 자료". (2015.《한글과 동아시아의 문자, 2015 연
  구보고》. 국립한글박물관)

또 본격적인 논문은 아니지만 여진어 · 여진 문자와 관계있는 논설 및
수필을 '붙임'이라 하여 책 끝에 붙여 넣었는데 그 글들의 제목과 발표
지면은 다음과 같습니다.

- "《女眞語, 滿語硏究》 머리말". (1992.《女眞語, 滿語硏究》. 北京, 新
  世界出版社)
- "내가 받은 여진 · 만주 글자 새해 인사 편지". (2003.《한글 새소식》
  365호. 서울, 한글학회)
- "북청 여진자 석각 탁본 해제". (2008.《귀중 자료 해제집》, 국사 편
  찬위원회)

또 여진어 연구자들에게 참고가 되도록 최범영 박사의 글 '大金 得勝 陀頌 幷序'를 저자의 허락을 받아 이 책 끝에 붙여 둡니다. 이 글의 게재를 허락해 주신 최범영 박사에게 감사를 드립니다. 이 글을 덧붙인 까닭은 이 '대금 득승타 송비(大金得勝陀頌碑)'가 현재까지 발견된 여진비(女眞碑) 중에서 비교적 많은 여진자를 기록하고 있기 때문에 앞으로 연구할 젊은 학도들에게 참고가 되게 하기 위함입니다.

책 발간을 위해 원고를 정리하면서 용어를 통일하고 시대에 뒤떨어진 내용은 바로잡아야 하겠으나, 글들의 역사적인 면도 고려해야겠기에 오자만 고치고 원문 대로 수록함을 원칙으로 하였습니다.

이 작은 책이 우리나라의 젊은 학자들에게 약간이나마 자극이 되어 여진어·여진 문자에 관심을 갖는 이들이 나온다면 저자의 큰 기쁨이 될 것입니다.

2024년 5월
김동소

| 목차 |

여진 문자와 언어 연구

1. 여진 문자의 연구 자료

1. 여진 문자에 대해서

여진 문자는 여진인들이 여진어를 표기하기 위해 스스로 제정하여 사용했던 민족 문자입니다. 이 문자는 12세기 초에 금나라(1115년-1234년) 조정에서 두 차례(여진 대자와 여진 소자) 제정되어[1] 금나라가 멸망할 때까지 120년 가까이 공식적이고 전면적으로 사용되었고, 금나라 멸망 이후 원나라와 명나라 시대에도 중국 동북 지역에서 여진족 추장들에 의해 16세기까지 사용되었습니다.[2]

여진 문자는 널리 알려진 대로 여진 대자와 여진 소자의 두 가지가 있는 것으로 기록에 나오나, 현재 우리가 알고 있는 여진 문자는 한 가지

---

1) 금 태조 천보(天輔) 3년(1119년) 8월 여진 대자(大字)를 반포하였고, 희종 천권(天眷) 원년(1135년) 1월에 여진 소자(小字)를 반포하였습니다.
2) 현재 남아 있는 여진관 내문(女眞館來文)의 기록 연대 중 가장 늦은 것은 가정(嘉靖) 19년(1540년)인 듯합니다. 조선 왕조 시대에 여진학(女眞學)을 청학(淸學)으로 고친 것이 현종 8년(1667년)인데, 그렇다면 조선에서는 17세기 후반까지 여진어를 가르쳤을 가능성도 있습니다.

밖에 없습니다.[3] 우리에게 알려진 여진 문자가 여진 대자인지, 아니면 소자인지에 대해서는 아직 완전히 결론이 나지 않았습니다. 여진 문자를 이렇게 대자와 소자로 나누는 것보다 그 기능으로 보아 뜻글자와 소리글자로 나누어 보거나, 이 문자 제작 원리를 연구하는 것이 이 문자 연구에서 더 실용적이라 할 수 있습니다. 현재까지 알려진 여진 문자의 총수는 (해독 안 된 것을 포함해서) 1,400자 정도인데,[4] 아직 정확히 해독 안 된 것도 상당히 있고, 또 앞으로 여진 문자의 자료가 더 발견될 수도 있으리라 믿습니다.[5]

우리 조상들은 정치적인 이유로 인해 여진어와 여진 문자 연구에 힘써 왔습니다. 고려 시대부터 조선조 중기에 이르도록 철저한 학습을 시켜 온 여진학으로 인해 우리나라는 실로 세계 제일의 여진어 연구국이었고, 따라서 많은 여진어 교과서가 간행되었으며, 그것도 훈민정음이라는 우수한 표음문자로 여진 어음을 전사(轉寫)했을 것인데, 이 빛나는 전통은 다른 외국어 연구(한학·몽학·왜학)와 함께 20세기가 되기 전에 중단되고 말았고, 여진어와 여진 문자 연구는 일본·중국 및 서양 학자들에게 그 주도권을 빼앗긴 셈이 되었습니다.

그뿐 아니라 현재 전해지는 여진자 비문 12개(2차 대전 전에는 8개만

---

3) 그러나 울히춘(2009ㄷ: 27-39)에서, 기존의 모든 여진 문자는 여진 대자이고, 여진 소자라고 할 문자는 1970년대 이후에 주로 중국 동북 지방에서 발견된 금패(金牌), 은패(銀牌), 목패(木牌) 등에 새겨진 문자라는 주장을 폈습니다.

4) 울히춘(1998: 230)에서, 각종 비문과《여진 역어》의 여진 문자 859자와《여진 자서(女眞字書)》에만 나오는 여진 문자 584자를 합해서 모두 1443자라는 주장을 했습니다. 니시다(2001: 506)에는 "현재 알려져 있는 여진 문자의 총수는 변형된 것을 포함하여 약 9천 자이다." 라고 하지만 여기서 말한 이 숫자는 오식이거나 착오인 듯합니다.

5) 실제로 2000년대에 들어와서도 여진 문자가 새겨진 비석 및 석각이 발견된 바 있습니다. 아래 본문 참조.

알려졌음) 중 2개가 한반도 안에 있는 것을 생각할 때 우리 조상들과 여진족과의 관계를 다시 생각하기에 충분한 것이라 하겠습니다.

연구자는 40년 전부터 여진어 연구의 필요성을 역설해 왔으나 국내 학자들이 이 여진 문자와 여진어에 대해 관심을 갖지 않음은 이상한 일이라고 말하지 않을 수 없습니다. 그러나 근래 외국에서 이 연구에 많은 성과를 내고 있음은 그나마 다행한 일이 아닐 수 없습니다. 이제 연구자는 젊은이 학자들이 이 연구에 많이 참여해 줄 것을 기대하며, 여진어학 분야 중 여진 문자 연구의 터를 닦아 보려 하는 것입니다.

2. 현존 여진 문자 연구 자료

여진 문자를 연구할 수 있는 현존 자료는 20세기 전반기에 이미 알려져 있던 8개의 비석·석각의 여진 문자 자료와,《여진관 역어(女眞舘譯語)》및 국내외 문헌 중의 여진 문자 자료 외에, 1950년대 이후 현재까지 주로 중국에서 발견되어 알려진 필사 자료 및 도장·거울의 명문(銘文) 자료 등입니다. 이제 이들 여진 문자 자료를 간략하게 소개하고, 이 자료에 바탕하여 연구된 대표적 여진 문자의 연구 성과를 정리해 붙입니다.

2.1. 문헌 자료

여진 문자 연구에 가장 중요한 문헌 자료는 잘 알려져 있듯이 명나라 때 나온《여진관 역어(女眞館譯語)》입니다. 이 자료가 남아 있기 때문에 여진 문자 연구의 실마리를 얻었다고 할 수 있습니다. 아래에서 이

《여진관 역어》를 비롯한 여진 문자 연구에 활용할 수 있는 문헌들을 간략하게 살펴보기로 합니다.

2.1.1. 《사이관본 화이역어 여진관 역어(四夷舘本 華夷譯語 女眞舘 譯語)》

외국어로 된 문서를 번역하고 외국 사절의 접대를 맡을 역관(譯官)을 양성하기 위해 명나라 제3대 황제인 성조(成祖) 시대(15세기 초반)에 설립한 관청인 사이관(四夷館)에서[6] 편찬한 중국어와 외국어의 대역(對譯) 어휘집인 《화이역어(華夷譯語)》에는 중국 주위의 여러 언어의 어휘와 문자들이 수집되어 있고, 그 중 여진어 어휘를 여진 문자로 기록한 후 중국어와 대역해 놓고 여진 문자로 기록된 표문(表文)들을 모아 놓은 것이 《사이관본 화이역어 여진관 역어(四夷舘本 華夷譯語 女眞舘 譯語)》, 또는 《사이관본 화이역어 여진 역어(四夷舘本 華夷譯語 女眞譯 語)》입니다.[7] 이 《여진관 역어》는 '잡자(雜字)'와 '내문(來文)'의 두 부

---

6) 정확히 말하면 성조 영락(永樂) 5년(1407년)에 사이관이 설립되었고, 그후 청나라 순치(順治) 원년(1644년)에 이를 사역관(四譯館)으로 개명하였습니다.

7) 이 《사이관본 화이역어》를 일본학계에서는 '을종본(乙種本) 화이역어'라고 불러 왔고, 중국의 일부 학자들은 명나라 성조 황제의 연호를 따서 '영락 역어(永樂譯語)'라고 부르기도 합니다. 《화이역어》라는 이름이 붙은 문헌이 다음과 같이 3종류가 있습니다. [가] 명나라 태조 홍무(洪武) 15년(1382년)에 태조의 명령으로 편찬된 《화이역어》. 이 책은 중국어와 몽고어만의 대역 어휘집인데, 일본학계에서는 이를 갑종본(甲種本) 화이역어라고 부릅니다. [나] 《사이관본 화이역어》. [다] 《회동관본(會同館本) 화이역어》. 여기에서는 조선어와 여진어를 비롯한 13개국 언어의 어휘를 중국어와 대역하고 있는데, 한자로 이 외국어휘들의 음을 적고 있을 뿐 그 언어의 문자는 전혀 쓰지 않고 있습니다. 일본학계에서는 이를 '병종본(丙種本) 화이역어'라 부르고 있는데, 이 책 속의 '여진역어'(실제로는 '女直譯語'라 적혀 있음)는 여진 어휘의 문자 표기는 없고 그 여진어 음만 한자로 적혀 있기 때문에 여진 문자 연구의 직접적인 자료 문

분으로 나뉘어 있는데, '잡자'는 900개 가까운 여진어 어휘를 여진 문자로 적고 그 여진어 음과 의미를 한자로 적어 둔 것이고, '내문'은 중국 동북 지방의 여진 부락에서 명나라 조정에 보내온 여진 문자로 적힌 표문(表文)과 그 한문 번역으로 이루어져 있습니다.[8] 이 문헌이 여진 문자 연구의 가장 기본적인 자료입니다.

이《여진관 역어》는, 베를린 도서관 소장 사본(寫本)·도요 붕코[東洋文庫] 소장 사본·베이징 도서관 소장 사본·커샤오민[柯邵忞] 소장 사본·나이카쿠 붕코[內閣文庫] 소장 사본·뤄푸청[羅福成] 수사본(手寫本)·나이토우 고난[內藤湖南] 소장 사본·웡탄시[翁覃溪] 소장 사본 들이 알려져 있는데, 이 중 여진 문자 연구에 질적으로도 양적으로도 가장 좋은 문헌은 (비록 상당한 오식이 들어 있기는 하지만) 베를린 도서관 소장 사본이라 할 수 있습니다. 여기에는 여진 문자가 700자 가까이 있고 여진 어휘는 900개 정도 있는데, 이 사본을 처음 연구한 빌헬름 그루버(Wilhelm Grube)의 저서《여진의 언어와 문자(*Die Sprache und Schrift der Jučen*)》(1896년)가 현대 여진어학과 여진 문자학의 기초이고 기념비적 저술이라 할 수 있습니다.《여진관 역어》의 여진어와 여진 문자에 관한 연구는 그루버 이래 지금까지 전세계의 여진어 학자들에 의해 끊임없이 이루어지고 있으나 국내 학자들의 연구는 아직 미미한 편입니다. 이 문헌에 관한 대표적인 연구로 그루버(1896)를 비롯

헌은 아닙니다. 여기서 앞으로 이 중《사이관본 화이역어 여진관 역어》를 줄여서 그냥《여진관 역어》, 또는《여진 역어》라고 부르기로 합니다.
8) 그러나 이 내문의 여진어는 당시의 실제 여진어가 아니고 한문을 먼저 만들고 그에 맞춰 여진 문자로 대역해 놓은 것으로, 어휘는 여진어 어휘라 하더라도 문장은 한문 어순으로 되어 있어 여진어 연구 자료로 사용할 경우 주의가 필요합니다. 또 이 '잡자'의 어휘 수와 '내문'의 수는 이본(異本)에 따라 조금씩 다릅니다.

하여, 야먀지(1956, 1958/1980), 신태현(1965), 리쉬에즈(1976), 키요세(1977), 진광핑(1980), 도르지(1983), 케인(1989), 울히춘(2002) 등을 들 수 있습니다.

[여진관 역어, 잡자(雜字)]

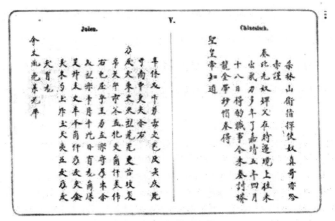

[여진관 역어, 내문(來文)]

2.1.2.《엄주산인 사부 고(弇州山人四部稿)》

명나라 왕세정(王世貞, 1526~1590)이 편찬한《엄주산인 사부 고(弇
州山人四部稿)》란 책의 권168 〈완위 여편(宛委餘編)〉의 권13 속에 '明
王愼德 四夷咸賓(명왕신덕 사이함빈, 밝은 임금이 덕을 중히 여기시니
사방 오랑캐가 모두 찾아온다.)'이라는《서경(書經)》〈여오(旅獒)〉 편의
구절을 서천어(西天語)·여진어·서번어(西番語) 등 9개 국어로 번역
하여 실어 놓았는데, 여진어의 경우 14개의 여진 문자를 한자(漢字)처
럼 8개로 모아 적어 놓고 있습니다. 진광핑(1980: 36), 이기문(1986), 이
상규(2012) 등 참조. 이를 조선조 학자들이 모사해서 전재(轉載)해 놓
은 한국 측 자료가 몇 가지 있습니다.

2.1.3.《방씨 묵보(方氏墨譜)》

명나라 방우로(方于魯, 16세기 후반)의《방씨 묵보(方氏墨譜)》란 책 권1에 위의 14개 여진 문자가 역시 8개로 모아서 적혀 있습니다(이시다 1940: 39 참조).

2.1.4.《아즈마 가가미[東鑑, 吾妻鏡]》

《아즈마 가가미》는 한자로는 '東鑑' 또는 '吾妻鏡'으로 적는 일본 역사책인데, 1180년부터 1266년까지 일본 바쿠후[幕府]의 사적을 편년체(編年體)로 기록한 것입니다. 성립 시기는 일본 가마쿠라[鎌倉] 시대 말기인 1,300년경으로 보이고, 편찬자는 바쿠후 안의 2명 이상의 고위층인 듯합니다. 전부 52권 정도로 알려져 있고, 이본에 따라 권수와 내용이 다른 것도 있습니다. 이 책의 데이오[貞應] 2년(1222년, 금나라 선종[宣宗] 원년)조에 일본 에치고노 쿠니 데라[越後國寺]의 포구(浦口)에 고려인이 탄 배가 표류해 왔는데, 그 고려인이 가져온 여러 가지 물건 중에 허리띠가 한 개 있었고, 그 허리띠 중앙에 길이 7치, 너비 3치 되는 은간(銀簡)[9]이 있었으며, 은간에 여진 문자가 4개 씌어 있었습니다. 이 여진자의 모양은 책의 이본에 따라 조금씩 다르지만 여러 학자들이 나름대로 이 문자를 해독했습니다. 그러다가 1976년 옛 소련에서 이와 같은 은패가 발견됨으로써 이 여진 문자의 정확한 모습을 알게 되었습니다. 이 은간의 글자 중 3개는 여진 문자일 것이라는 주장은 시라토리 (1898)에서 처음 제기되었고, 그 후 일본 학자 이나바(1932), 무라야마 (1951) 등이 4자 모두 여진 문자라는 주장을 하였습니다.

[아즈마 가가미의 여진 문자(2가지 사본)]

[옛 소련에서 발견된 여진 문자 은패]

---

9) 이 '銀簡'이란 말의 의미를 정확히 알 수 없는데, 아마 허리띠에 붙어 있는 은제(銀製) 패가 아닌가 합니다.

2.1.5.《관곡 야승(寬谷野乘)》《관곡 선생 실기(寬谷先生實記)》《북 로 기략(北路紀略)》

17세기 후반 함경도 경원군(慶源郡)에 살던 관곡(寬谷) 김기홍(金起泓)이 저술한 필사본《관곡 야승(寬谷野乘)》과《관곡 선생 실기(寬谷先生實記)》에 '사동 석비(寺洞石碑)'라는 제목 아래 다음과 같은 말이 있습니다.

"慶源府東乾元堡里中有寺洞 洞畔有石碑 碑長三尺半而頭折 廣一尺二寸 厚一尺布帛尺 四面皆有刻文 每面六行 而一面則四行而一行長 三行至半而止 其文不可以知 略記數字于後 以俟知者[10](경원부의 동쪽 건원보리 중에 사동이 있고, 동 경계에 석비가 있다. 비의 길이는 3자 반이고, 머리 부분은 절단되어 있다. 너비는 1자 2치, 두께는 1자이다. [바느질자이다.] 4면에 모두 새긴 글자가 있는데 매면이 6행이나 한 면은 4행이고, 그 중 한 줄은 길며 석 줄은 반에서 그치고 있다. 그 글은 알 수가 없다. 대략 몇 글자를 뒤에 기록하여 알 사람을 기다린다.)"

비슷한 내용이, 지은이를 알 수 없는 19세기의 필사본《북로 기략(北路紀略)》[11]의 제2권 주군지(州郡誌) 경원 고적 조(條)에 다음과 같이 적혀 있는데, 이것은 위의 두 문헌인《관곡 야승》과《관곡 선생 실기》에서 옮겨 적은 것이 분명해 보입니다.

---

10) 이 한문은《관곡 야승》에서 인용한 것이고,《관곡 선생 실기》의 한문은 이와 같으나 비문 속의 '畔(반)'자가 '泮(반)'으로 돼 있을 뿐입니다.
11) 이 책의 저자가 정윤용(鄭允容, 1792-1865)이고 제작 연대가 1830년경이라는 주장이 나왔습니다.

"府東乾元堡里中有寺洞 洞有石碑 碑長布帛尺三尺半而上折 廣一尺二寸 厚一尺 四面皆有刻文 其文不可知 略記數字于下(경원부의 동쪽 건원 보리 중에 사동이 있고, 동에 석비가 있다. 비의 길이는 바느질자로 3자 반인데 윗 부분은 절단되어 있다. 너비는 1자 2치, 두께는 1자이다. 4면에 모두 새긴 글자가 있는데 그 글자는 알 수가 없다. 대략 몇 글자를 아래에 기록한다.)"

그러나 이 문헌에 적어 넣은 여진 문자는 경원 여진자 비의 비문 제2면의 제3행 아래 부분을 부정확하게 옮겨 적은 것입니다.[12] 《북로 기략》의 이 여진 문자 인용에 관한 말은 김동소(1988: 44)에서 최초로 언급되었습니다.

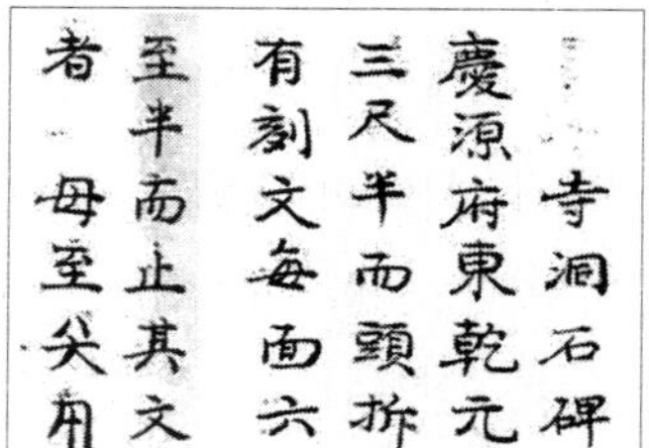

이 밖에도 《용비 어천가》의 여진어 어휘들(보통명사 및 인명, 지명 등), 《조선 왕조 실록》과 《고려사》 등에 한자로 표기된 여진 인명·지명 등도 여진 문자는 적혀 있지 않지만 여진어 연구에 보탬이 된다고 할 수 있겠습니다.

현재 실물은 전해지지 않고 책이

寺洞石碑
慶源府東乾元堡里中有寺洞∴畔有石碑∴長
三尺半而頸折廣一尺二寸厚一尺布帛四面皆
有刻文每面六行而一面則四行而一行長三行
至半而止其文不可以知略記數字于後以侯知
者一每至尖用角氏夬仔伞盍

[《관곡 야승》의 여진 문자]

12) 이 지적은 울히춘(2011: 146)에서 언급된 것입니다. 그런데 그 부분의 여진 문자를 울히춘(2011: 157)은 다음과 같이 판독하였습니다.
   兵止�用床夬仔伞盍

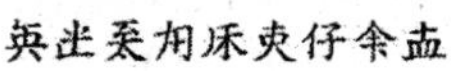

름만 기록에 남아 있는 금(金)나라 시대의 여진어 사전 · 학습서들인
《여진 자서(女眞字書)》[13] ·《여진 소자(女眞小字)》·《여진 자모(女眞字
母)》와, 그 시대에 여진어로 번역되었지만 역시 전해지지 않는《역경(易
經)》·《상서(尙書)》·《효경(孝經)》·《논어(論語)》·《맹자(孟子)》·《노
자(老子)》·《양자(楊子)》·《문중자(文中子)》·《유자(劉子)》·《사기(史
記)》·《한서(漢書)》·《신당서(新唐書)》·《백가성(百家姓)》·《가어(家
語)》·《정관 정요(貞觀政要)》·《백씨 책림(白氏策林)》·《반고서(盤古
書)》·《태공서(太公書)》·《오자서 서(伍子胥書)》·《손빈서(孫臏書)》·
《황씨 여서(黃氏女書)》등 수십여 종의 문헌과, 조선조 사역원(司譯院)
의 여진어 교과서인《천자문(千字文)》·《병서(兵書)》·《소아론(小兒
論)》·《삼세아(三歲兒)》·《자시위(自侍衛)》·《팔세아(八歲兒)》·《거
화(巨化)》·《칠세아(七歲兒)》·《구난(仇難)》·《십이제국(十二諸國)》·
《귀수(貴愁)》·《오자(吳子)》·《손자(孫子)》·《상서(尙書)》등 14종의
문헌이 발견된다면 더없이 훌륭한 여진어 · 여진 문자 연구 문헌 자료가
될 것입니다. 특히 조선조 사역원의 여진어 교과서는 위에서 말한 대로
우수한 표음문자인 훈민정음으로 여진어음이 기록되었을 것이므로, 여
진어 연구에 더없이 좋은 자료가 되지 않을 수 없습니다.

2.2. 비문·석각문(石刻文) 자료

비문과 석각문 자료는 앞에서 말한 대로 이미 2차 세계대전 전에 8개

---

13) 진치충(1979) 등 몇몇 학자들은 1973년 시안[西安] 버이린[碑林]에서 발견된 여진
   문자 낙장(落張)이 금나라 시대에 이《여진 자서》를 보고 베낀 것으로 보고 있습니다.

가 알려져 있었고 그 후 4개가 더 발견되어 12개가 되었으며, 이 중 한반
도에 있는 것은 경원 여진자비와 북청 여진자 석각의 2개입니다. 이들
을 대략 그 제작 연도 순서에 따라 살펴보면 다음과 같습니다.

2.2.1. 경원 여진자 비(慶源女眞字碑)

북한의 옛 지명으로 함경북도 경원군(慶源郡) 동원면(東原面) 화동
(禾洞) 옛 절터에 있던 것인데, 1910년대 초 조선총독부에서 위촉한 고
적 조사위원인 도리이 류조[鳥居龍藏]가 재발견하여 1918년 당시의 조
선총독부 박물관으로 옮겨 왔고, 그 후 서울 경복궁(景福宮) 근정전(勤
政殿) 회랑(回廊)에 진열해 두었다가 근래 국립 중앙박물관으로 옮겨
전시하고 있습니다. 이 경원 여진자 비는 1919년 조선총독부 간행《조
선 금석 총람(朝鮮金石總覽)》상권 551-2쪽에 '慶源女眞字碑'라는 이
름으로 그 비문 4면이 모두 양화(陽畵)로 소개되어 있는데, 4면 모두가
여진문으로 되어 있는 비라는 점에서 전세계에서 유일무이한 것입니다.

비문 전체가 완벽하게 해독되지는 않았으나, 이 비문의 내용은 절
을 건립하는 과정과 그 건립에 공덕을 베푼 사람들의 이름을 기록한 것
입니다. 이 비석의 건립 연대를 진광핑(1964/1980: 332-3)과 울히춘
(2011: 149-50)은 금나라 3대왕인 희종(熙宗)의 천권(天眷) 원년(1138
년)이나 황통(皇統) 원년(1141년)으로 보았고, 김동소(1988: 60-2)는
금나라 4대왕인 제량(帝亮, = 해릉왕[海陵王]) 정원(貞元) 원년(1153
년) 또는 정륭(正隆) 원년(1156년)으로 보았습니다. 또 이 비석에 사용
된 여진 문자를 진광핑(1964/1980), 울히춘(2011)은 여진 대자(大字)
로, 김동소(1988)를 비롯한 다른 학자들은 여진 소자, 또는 여진 대자와

소자의 합용으로 본 점이 서로 다른데, 이 문제는 앞으로 더욱 연구해야 할 점입니다. 이 비문에 관한 연구로 안마(1943), 진광핑(1964/1980), 민영규(1967), 김동소(1988), 울히춘(2009, 2011) 등이 있습니다.[14]

이 연구의 완결판이라 할 수 있는 울히춘(2011: 158)에서 비문(碑文) 복원도를 만들어 제시하고 있으며, 울히춘(2009: 75, 2011: 156)은 이 비문의 해독 가능한 전체 여진 문자 수를 575자라고 추정하고 있습니다. 또 이 비문의 1910년대 탁본이 현재 국립 중앙 박물관에 소장되어 있습니다.

[경원 여진자 비의 여진 문자](울히춘 2011: 147에 의함)

---

14) 이 여진자 비에 관한 국내 최초의 언급은 위에서 말한 대로 《관곡 야승》 등에서입니다.

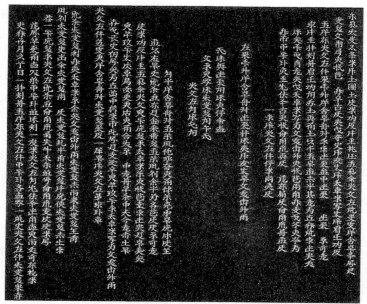

[경원 여진자비 복원도] (울히춘 2011: 158에서 인용)

2.2.2. 하이룽 양수린[海龍楊樹林] 여진자 석각(女眞字石刻)

이 석각은 중국 지린[吉林]성 하이룽[海龍]현 양수린[楊樹林]산 정상에 있는 마애(磨崖) 석각입니다. 과거에는 이 석각을 '하이룽 여진 국서비(國書碑)'라고 불렀는데, 하이룽현에서 또 하나의 여진자 석각이 발견되어 그것과 구별하기 위해 '양수린 여진자 석각'이라고 불립니다. 청나라 때 양동계(楊同桂, ?~1886년)가 19세기 말 편찬한 인문지리학 서적인《심고(瀋故)》라는 책에 이 여진자 석각을 언급하고 여진자를 불완전하게 채록해 두었고, 이후 뤄푸청(1929), 뤄푸이(1937), 안마(1943), 순진이(1979) 등에서 이 여진자들을 채록하거나 해독하였습니다. 울히춘(2009: 76)에 의하면, 석각을 제작한 연대는 금 세종 대정(大定) 7년

(1167년) 3월이고, 내용은 '攀安兒必罕'에 '謀克'을 설치한 사실을 적은 것이라 합니다.[15] 높이 1미터, 폭 90센티 정도의 크기에, 글자는 모두 8행, 글자 수는 100자 정도입니다.

2.2.3. 대금 득승타 송비(大金得勝陀頌碑)

중국 지린[吉林]성 푸유[扶余]현에 있는, 여진자 · 한자로 된 양면비입니다. 금나라 시조인 태조 아쿠타[阿骨打]가 요나라 군대를 깨뜨린 사실을 기록한 기공비(紀功碑)로서, 금나라 세종 대정(大定) 25년(1185년) 7월 28일에 비문을 새겼다는 말이 비문 끝에 들어 있습니다. 높이 3m, 가로 80cm, 두께 20cm의 거대한 비로서, 비문 위에 비액(碑額)이 있으며, 한자는 30행, 여진자는 32행으로 새겨져 있고, 해독 가능한 여진자의 총수는 1,300여 자로(울히춘 2009ㄷ: 77-8 참조), 현존하는 여진 문자 비석 중 비교적 많은 여진 글자를 갖고 있습니다. 이 비에 관한 최초의 소개는 살영액(薩英額)의《길림 외기(吉林外

---

15) '攀安兒必罕'은 지명이고 '謀克'은 금나라 군사 제도의 이름입니다.

記)》(1823)에서였고, 이 비문의 여진어를 최초로 해독한 학자는 다무라(1937)와 안마(1938)입니다. 비교적 근래의 연구이고, 그 결정판이라 할 만한 것이 울히춘(1999ㄴ: 154-86)입니다.

2.2.4. 소용 대장군 동지 웅주 절도사 여진자 묘비(昭勇大將軍同知雄州節度使女眞字墓碑)

1979년 지린[吉林]성 샤오청[小城]향(鄕)의 완안 희윤(完顏希尹)[16]의 가족 묘지에서 출토된 것인데, 묘비로서는 유일무이한 여진 문자 비입니다. 비석의 석재(石材)는 화강암이고, 높이 68cm, 너비 27cm의 크기로, 오른쪽에서 왼쪽으로 여진 문자 1행 21자와 한자 5행을 음각하고 있습니다. 여진 문자는 아직 완전히 해독되지 못했고, 한문에 의해 이 무덤의 주인이 무명의 어느 완안(完顏)씨 부부임이 밝혀져 있습니다. 울히춘(2009ㄴ: 79) 참조.

2.2.5. 몽골 구봉 석벽 여진자 석각(蒙古九峰石壁女眞字石刻)

이 석각은 몽골국 Khentiy현 남부의 Bayan-hotak군에 있는 Serven-khaalga산에서 1986년 몽골의 한 고고학자가 발견하여 이듬해 울란바토르에서 열린 국제 몽골학회에서 공표했습니다. 높이 2m, 폭 3m 정도의 암벽에 새겨진 여진 문자는 모두 9행 140여 자입니다. 이 여진 문자 석각에서 동쪽으로 20m 정도 되는 지점의 암벽에서 한문 석각도 발견

---

16) 완안 희윤은 금 태조 천보(天輔) 3년(1119년) 태조의 명으로 거란 문자와 한자를 참조하여 여진 대자(大字)를 창제한 인물입니다.

되었는데, 8행 88자 정도의 한자가 씌어 있고, 그 내용은 여진 문자 석
각의 그것과 동일한 것입니다. 금나라 장종(章宗) 명창(明昌) 7년(1196
년) 6월에 새긴 것으로 당시 우승상 완안 양(完顏襄)이 북출발(北朮
孛)[17]을 토벌하고 승리를 거두었다는 내용입니다. 무홍리(2004), 울히
춘(2006, 2009ㄴ) 등에서 해독되었습니다.

2.2.6. 오둔량필 여진 문자 시 석각(奧屯良弼女眞文字詩石刻)

이 석각은 1950년대에 알려진 것으로 중국 산동[山洞]성 펑라이[蓬
萊]성에 있었다고 하는데, 현재 그 위치를 알 수 없어 석각은 사라져 버

---

17) '북출발'은 타타르(Tatar)를 뜻합니다.

린 셈이고, 그 무렵 만들어 세상에 알려진 탁본(拓本)만으로 연구가 되고 있습니다.[18] 이 여진문은 현재까지는 유일하게 알려진 여진 문자 시입니다. 탁본은 세로 60cm, 가로 70cm의 크기로 13행이며, 여진 문자는 모두 203자로서, 이 석각의 여진문 해독 연구는 뤄푸이(1982), 울히춘(2002: 199-216) 등이 있습니다. 이 여진 시의 작자 오둔량필은 금나라 마지막 왕인 애종(哀宗, 1223-1234 재위) 때 예부상서(禮部尚書)와 선휘사(宣徽使, 정3품), 상서좌승(尚書左丞, 정2품)을 지낸 사람으로, 인망이 높은 신하였다고 합니다.

Ill. 13 The Aotun Liangbi shi inscription

---

18) 이 탁본의 원본도 지금 행방을 알 수 없다고 합니다.

2.2.7. 오둔량필 전음비(奧屯良弼餞飮碑)

이 여진비는 '태화 제명 잔석(泰和題名殘石)'이라고도 불려 왔는데, 뤄전위[羅振玉]의 소장이라는 것 외에는 알려진 내력이 없습니다. 한자 4행 26자, 여진자 3행 70자 정도가 새겨져 있지만 이 두 각문(刻文)은 내용상 서로 상관이 없는 듯합니다. 한자 각문 중에 '태화 6년(泰和六年)'(1206년)이란 말이 들어 있어 '태화 제명 잔석'이란 이름이 붙었습니다. 여진문 속에는 '대안 2년(大安二年)'(1210년)이란 연대가 나옵니다. 이 비의 여진문을 해독한 연구로는 안마(1943: 31), 진광핑(1980: 321-5), 울히춘(2009ㄴ: 90-2) 등이 있습니다. 한문과 여진문을 아울러 보면 오둔량필이 심우(心友)와 이별하는 것을 기념하여 세운 비인 듯합니다.

[오둔량필 전음비]

2.2.8. 북청 여진자 석각(北靑女眞字石刻)

이 여진자 석각은 1910년
대 초에, 당시의 조선 함경남
도 북청군(北靑郡) 속후면
(俗厚面)에 있던 성곳산성
(城串山城)[19]의 한 바위에 새
겨져 있는 것인데, 높이 4자,
폭 2자 크기의 암석면에, 글
자 지름 2치의 크기로 5행 50
자 전후의 여진 문자가 판독
됩니다. 이 여진문 판독을 시
도한 연구로 이나바(1930),
안마(1943), 김동소(1977),
울히춘(1999ㄱ, 2002, 2011)
등이 있습니다. 특히 울히춘
(2011: 213)에서 그 완결 복

[북청 여진자 석각의 사진]

원판까지 만들었으나, 현재 북한에 있는 원 석각의 글자를 정확히 파악
할 수가 없는 상황이라 그 해독은 논란이 될 수 있습니다. 석각 제작 연
대는, 이나바(1930)에서는 1278년, 이나바(1932)에서 1338년, 김동소
(1997, 2008)에서는 1278년 또는 1338년으로, 울히춘(1999ㄱ, 2002,
2011)에서는 1218년으로 보고 있습니다.

---

19) '城串山城'의 '串'자를 어떻게 읽어야 할는지 논의가 필요합니다. 자전에는 '천, 찬, 관,

[1935년 촬영한 북청 여진자 석각의 비각 사진](국립 중앙 박물관 누리집에서)

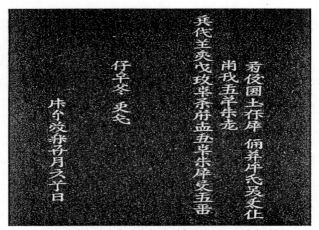

[북청 여진자 석각의 복원판](울히춘 2011: 213에서 인용)

환, 곶' 등의 음이 있으나《북청군지》(1970년)를 보면 속후면에 '성곳산'이 표시되어
있고,《용비 어천가》(4:21, 5:36)에 함길도(咸吉道)의 함흥(咸興) 북쪽에 '城串잣곳'
이라는 산이 있다는 기록으로 보아, 비록 전통 한자음은 아니라 하더라도, 적어도 지
명 '城串'은 '성곶'으로 읽어 두기로 합니다.

2.2.9. 여진 진사 제명비(女眞進士題名碑)

이 비는 중국 허난[河南]
성 카이펑[開封]현 동북쪽
10리 지점의 엔타이[宴臺]
지방에 있는 여진자·한자
양면비(兩面碑)입니다. 금
나라 애종(哀宗) 정대(正大)
원년(1224년) 진사(進士)
시험을 치루고 그 시험 과정
과, 합격자를 선발한 내용과,
합격자 수십 명의 이름 및
그 소속을 새겨 놓았습니다.
비의 높이는 6자 2치, 폭은 2
자 3푼, 두께는 7치 7푼이며

(안마 1943: 63 참조), 여진 문자는 전부 23행에 3982자로 추정됩니다
(울히춘 2009: 99 참조). 중국의 다른 여진 비들이 주로 동북 지방 외딴
곳에 있음에 비해 이 비는 교통 요지에 있으므로 일찍부터 알려졌고, 따
라서 이 여진문을 판독한 연구도 19세기부터 있어 왔으나 가장 대표적
인 전면적 연구는 진광핑(1964/1980: 281-320)이라 할 만합니다. 한자
비는 마멸되어 현재는 과거에 만들어진 탁본으로만 볼 수 있는데, 현존
여진 비 중에서 가장 많은 여진 문자를 갖고 있습니다.

2.2.10. 영녕사 여진자비(永寧寺女眞字碑)

여진 문자 비 중에 가장 늦게 세워진 것이며, 또 현재 러시아 영토 안에 있는 유일한 여진자 비입니다. 명나라 성조(成祖) 영락(永樂) 13년(1413년)에 현재의 러시아 아무르(Amur)강 하류 바닷가인 니콜라예프스크-나-아무례(Николаевск-на-Амуре)시 가까운 티르(Тыр Хабаровского края)촌(중국어식 표기로 特林, 명나라 시대의 지명으로는 노아간도사[奴兒干都司]의 위소[衛所] 소재지)에 영녕사(永寧寺)라는 절을 짓고 이 영녕사비를 세웠는데, 대리석으로 만들어진 이 비는 높이 105*cm*, 폭 49*cm*, 두께 24-26*cm*이고(울히춘 2009: 144 참조), 정면은 한문, 뒷면은 몽골문과 여진문이며, 측면에는 한자 · 몽골 문자 · 티베트 문자 · 여진 문자로 새긴 육자 대명주(六字大明呪)인 '옴마니반메훔'이 있습니다. 이 비는 1891년 블라디보스토크 박물관으로 옮겨져 현재 그곳에 보관 중입니다. 여진 문자는 모두 15행에 694자가 판독되고 있고, 이 여진문의 판독 시도는 뤄푸청(1937), 안마(1943), 오사다(1958), 진광핑(1980) 등이 있는데, 울히춘(2009ㄷ)에서 정밀 해독되었고, 울히춘(2009ㄷ: 169)에 그 비문 복원도까지 만들어 실려 있습니다.

[영녕사 여진자 · 몽골자 비 복원도](울히춘 2009:169에서 인용)

2.2.11. 금 상경 여진자 권학 석각(金上京女眞字勸學石刻)

여진 문자가 새겨져 있는 이 작은 석각은 지난 1994년 중국 헤이룽장[黑龍江]성 하얼빈[哈爾濱]시 다오와이[道外]구의 청쯔[城子]촌 부근 밭에서 어떤 문물 수집가에 의해 발견되었는데, 이 일대는 금나라 시대의 옛 성터로서, 이 석각이 발견될 때 여진 문자가 새겨진 기와와 돌도 함께 나왔다고 합니다. 이 수집가는 2008년 어떤 학회에서 이 석각과 기와들의 사진을 공개하였고, 이 유물의 여진 문자는 울히춘(2009ㄴ: 2-4)에 의해 연구 판독되었습니다. 이 석각의 여진 문자는 2행 11자로 된 권학(勸學) 내용의 것으로, 그 판독 결과 여진 문자는 다음과 같고,

[금 상경 여진자 권학 석각]
(울히춘 누리집에서 인용)

재구(再構)한 여진음은 'bithə i dʒugun dolbor timari baginŋ usin'이며, 그 의미는 '文字之道 夜朝不懈(학문의 길은 밤과 아침에 게으르지 말라)'로서 시경(詩經) 대아편(大雅篇)의 '文字之道 夙夜匪解'를 여진어로 번역한 것이라 했습니다. 이 여진비의 발견도 그러하지만 이 해독은 더욱 획기적인 것으로, 이 중에 나오는 몇몇 글자는 여진어와 여진 문자의 가장 기초적인 사전인 그루버(1896)의 연구나 진치충(1984)에도 나오지 않는 것들입니다.

2.2.12. 히리자라[希里札剌] 모극(謀克) 패근(孛菫) 여진자 석함(石函) 명(銘)

2009년 중국에서 여진자가 새겨진 석함(石函)이 발견되었는데, 이

석함의 앞쪽에 5행 21자의 여진 문자가 새겨져 있습니다. 현재 헤이룽장 성 룽장룽[龍江龍] 박물관에 소장되어 있는 이 석함의 소종래(所從來)는 전혀 알려져 있지 않습니다. 함의 길이는 75cm, 폭은 52cm, 높이 40cm, 깊이 23cm, 함의 벽의 두께는 8cm라고 합니다. 5행 12자의 여진 문자를 울히춘(2009ㄱ)과 진스(2012)는 '히리자라 모극(謀克)(인) 보긴(과), 비허리 이리민 위(衛)(의) 장군(인) 허경의 가족'으로 해독했습니다.

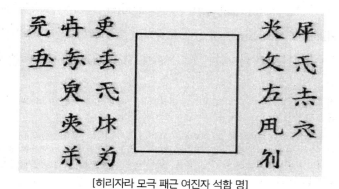

[히리자라 모극 패근 여진자 석함 명]

2.3. 필사 자료

여진 문자의 필사 자료란 금나라 시대에 종이나 다른 물건에 붓으로 쓴 여진 문자 자료를 말하는데, 여기서 다른 물건이라 함은 탑과 같은 건물의 벽 등을 말합니다. 금나라 시대에 쓰인 것으로 추측되는, 여진 문자가 적힌 종이는 현재까지 두 가지가 알려져 있습니다. 종이가 아닌 것에 필사한 것으로 내몽골[內蒙古] 자치구 후허하오터[呼和浩特]시의 백탑(白塔)에 적힌 것과, 내몽골 자치구 동쪽의 커얼친[科爾沁] 전기

(前旗)와 중기(中旗)의 어떤 집 벽에서 발견된 여진문 제자(題字)가 있는데 아직 그 문자의 연구 성과가 나오지 않고 있습니다.[20] 중국에서는 이들 필사 자료를 묵적(墨迹) 자료라고 부릅니다. 여기서는 종이에 적힌 여진 문자 자료 2건만 소개하겠습니다.

2.3.1. 옛 소련 레닌그라드 동방학 연구소에서 발견된 여진자 문서[21]

이 문서는 1968년 2월, 옛 소련 과학원 동방학 연구소의 레닌그라드 분소(分所)[22](Ленинградского филиала института востоковедения Российской Академии наук)에 보존되어 있는 수만 건의 서하(西夏) 문서[23] 속에서 서하 학자였던 키차노프(E. И. Кычанов) 등에 의해 발견

---

20) 최근 중국 내몽골[內蒙古] 자치구의 대싱안링[大興安嶺] 산맥의 한 암벽에 쓰인 새로운 여진 문자 묵서(墨書)가 발견되었다고 합니다. 다음 기사 참고.
內蒙古大興安嶺發現女眞大字墨書岩畵 2015年09月10日 09:28:15 來源：新華网 呼和浩特9月9日專電(記者 勿日汗) 內蒙古自治區岩畵硏究者近日在大興安嶺發現一處女眞大字墨書岩畵. 經女眞文字專家烏拉熙春破譯, 此處岩畵爲距今900年前女眞人用墨筆書寫于岩壁上的一首七言絶句. 据了解, 在此處岩畵点發現兩幅女眞大字墨書岩畵, 目前已破譯其中一幅文字的內容, 另一幅還未被破譯. 已破譯的女眞大字墨書岩畵由四行文字組成, 但由于處于曠野之中長年櫛風沐雨, 右邊二行已漫漶難辨, 左邊二行字迹還能淸晰可辨. 烏拉熙春根据殘存字迹的長度, 推測這是一首仿漢文七言絶句形式的女眞文詩作, 目前已解讀出"松瀨四季""墨書春秋"等內容. 中國岩畵學會理事崔越領說："發現岩畵的石崖周邊至今松林郁郁, 石瀨潺潺, 作者以"松瀨"對"墨書", '四季'對'春秋'再現了900年來不變的美景及面對此美景時的內心感受. 据我們了解, 女眞大字墨書岩畵十分罕見." 女眞是中國古代北方少數民族. 1115年建立金朝. 金代的女眞人与遼代的契丹人一樣, 都創制過兩种文字書寫体系. 1119年金太祖詔勑制作女眞大字, 1138年金熙宗再頒行女眞小字, 迄今發現的絶大多數女眞字包括這幅墨書都屬女眞大字体系.
21) 카라(1972) 및 야오핑(1985), 순버췬(2008)에 의함.
22) 현재 이름은 러시아 과학원 상트페테르부르크 분소입니다.
23) 이 서하 문서와 여기 함께 있던 중국어 문서는 모두 10만여 건이나 된다고 하는데, 이들은 1909년 옛 제정(帝政) 러시아 황실의 유물 발굴단 단장이었던 코즐로프(П. К. Козлов)가 인솔하는 몽고 및 쓰촨[四川] 지구 탐험대에 의해 내몽골 지역에서 발

되었습니다. 이 문서는 2장으로 되어 있는데, 손으로 종이에 쓴 여진 문자 문서의 발견은 이것이 세계 최초의 일인 셈입니다.

이 두 장의 문서는 15.3×16.5cm, 14.2×16.5cm 크기의 그리 지질이 좋지 않은 종이로 된 것인데, 어떤 큰 종이의 한 부분인 듯합니다. 이 종이에 쓰인 글자는 여진 문자의 초서체(草書體)인 것으로 판명되었고, 두 장의 글씨가 모두 한 사람의 필체로 밝혀졌습니다. 두 장 중 약간 작은 종이 뒷면에 '光定[24] 七年七月十六日'이라고 한자로 적혀 있고, 이 연대 (광정 7년 = 1217년)가 이 문서의 여진 문자와 어떤 관계가 있는지 밝혀지지는 않았지만, 적어도 이 문서의 연대를 고증하는데 어떤 도움이 될 것은 분명합니다.

한 문서에는 전부 7행의 글씨가 씌어 있지만 제1행은 세로로 1/2 정도 그 오른쪽이 모두 잘려나가 있고 이 문서의 아랫부분도 전부 잘려 나간 듯합니다. 또 다른 문서는 6행의 글씨가 있는데 역시 그 제3행은 1/3 정도가 지워져 있고 제6행은 1,2자 정도만 남아 있으며, 이 문서 윗부분은 전부 잘려 나간 것으로 보입니다. 두 장의 글자는 모두 110여자에서 130여자일 것으로 추측되고, 그 중에 분명히 판독 가능한 글자는 34자 정도가 될 듯합니다. 사정이 이러하니 이 문서의 정확한 내용을 알기는 쉽지 않겠습니다.

견한 서고(書庫)에 보관되어 있던 것이라고 합니다. 발견 이후 이 문서들은 러시아 상트페테르부르크로 옮겨진 것입니다.

24) 광정(光定)은 서하의 황제 신종(神宗)의 연호이고 그 7년은 1217년입니다. 한때 이 연호 광정이 금나라 세종의 연호인 대정(大定)으로 잘못 알려져, '大定 7年 = 1167 年'으로 풀이되기도 했습니다.

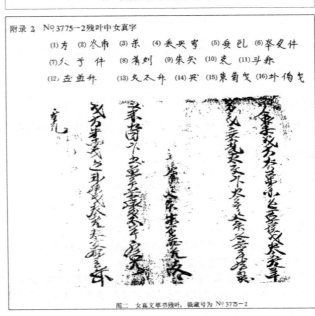

그런데 1990년대에 이 문서의 발견자인 키차노프가 서하어 문서를
더 조사하다가 새로 여진자 문서 단편 4개를 발견했습니다. 이 문서들
은 ①초서체 여진 문자 단편, ②여진 문자가 쓰인 종이 조각, ③여진 문
자가 쓰인 비단 조각, ④여진 문자와 서하 문자 초서체가 함께 쓰인 문
서 단편 등입니다. 이 문서들에서 몇 개의 여진 문자를 더 찾아 읽을 수
있었는데, 그 사진은 다음과 같습니다.

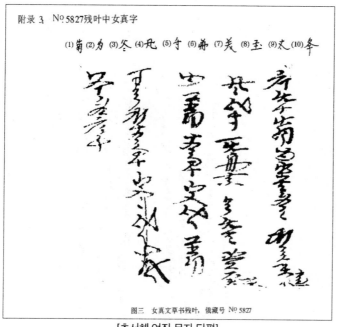

图三　女真文草书残叶，俄藏号 №5827

[초서체 여진 문자 단편]

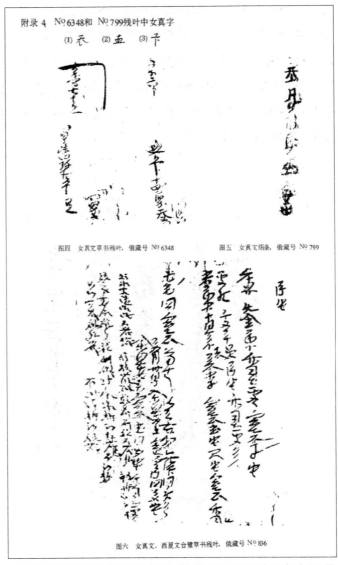

[여진 문자가 쓰인 종이 조각(위 왼쪽), 여진 문자가 쓰인 비단 조각(위 오른쪽),
여진 문자와 서하 문자 초서체가 함께 쓰인 문서 단편(아래)]

그러나 이 문서의 발견은, 최초로 여진 문자가 씌어 있는(아마도 금나라 시대에 만들어졌고, 초서체로 되어 있는) 문서의 첫 출현이라는 의미만 있을 뿐, 아직까지는 여진 문자 연구사에 큰 보탬이 되고 있지는 않습니다. 연구가 계속 이루어진다면 다른 성과를 얻을는지 모르겠습니다.

2.3.2. 시안[西安] 버이린[碑林]에서 발견된 여진자 문서[25]

1973년 8월 산시[陝西]성의 문물 관리 위원회에서 시안 버이린[西安碑林]의 '석대 효경비(石臺孝經碑)'를 수리하던 중 여진 문자를 붓으로 써놓은 종이 11장을 발견하였습니다.

이 석대 효경비는 중국의 국보급 문물로서 당나라 현종(玄宗) 천보(天寶) 4년(서기 745년)에 세워진 비석인데, 〈효경(孝經)〉 전부를 예서체(隷書體)로 새긴 것입니다. 비석 아래쪽에 3층으로 된 석대(石臺)가 있으므로 석대 효경비라는 이름이 붙었습니다. 높이 620센티에 4면(1면의 폭 120센티)으로 되어 있고, 4면 모두 글자가 새겨 있습니다. 비석이 크고 또 글씨가 아름다우며 전체적으로 예술적인 가치가 높으므로 흔히 '시안 버이린의 첫째가는 비석[西安碑林第一碑]'이라고 불립니다.

---

25) 주로 류주이장(1979)과 진치충(1984), 울히춘(1998)에서 인용한 것입니다. 울히춘(2001)에 보다 면밀한 연구 성과가 있으리라 믿어지나 저는 아직 이 책을 구해 보지 못했습니다.

[石台孝經]

그런데 오랜 세월 이 비석을 돌보지 못해 그 바닥이 꺼지고 비석이 서남쪽으로 기울어지게 되자 1973년 8월, 산시[陝西]성 문물 관리 위원회에서 이 비석을 수리하게 되었는데, 이 비신(碑身)의 배면(背面)과 중심 석주(石柱)가 연접(連接)되는 곳 및 중심 석주의 묘안(卯眼)[26]에서, ① 여진 문자 문서의 잔혈(殘頁), ②당나라 승려 회인(懷仁)이 왕희지(王羲之)의 글씨에서 집자(集字)한《대당 삼장 성교 서(大唐三藏聖敎序)》비(碑)의 탁본 조각, ③동방삭(東方朔)이 복숭아 훔치는 장면[盜桃]의

---

26) 묘안은 건축에서 다른 물건(예컨대 깎은 돌이나 나무 등)을 끼워 넣기 위해서 파 놓은 구멍을 뜻합니다. 한국어로 장붓구멍이라 할 수 있고, 이 구멍에 끼우는 물건을 '장부'라고 부릅니다.

판화(版畵) 및 ④송·금 시기의 화폐 50여 개 등, 풍성한 유물이 발견되었습니다. 이 비석은 원래 당나라 창안[長安]성 안 무본방(務本坊)의 태학(太學) 내에 세웠던 것을 두 차례 이전하였다가 북송 철종(哲宗) 원우(元祐) 5년(서기 1090년)에 이곳으로 옮긴 것이라 합니다.

다른 유물은 그만두고, 우리의 관심사인 여진 문자 문서에 관해 자세히 알아보겠습니다. 이 문서는 전부 11장인데, 위에서 말한 대로 중심 석주(石柱)의 남쪽 묘안에서 나온 것입니다. 발견될 때 구겨진 파지(破紙) 뭉치 상태였다가 정리해 보니 11장의 문서가 된 것입니다. 구겨지고 찢긴 정도는 문서에 따라 달라, 큰 것은 21×45cm이고 작은 것은 17×23cm이었으며, 그 중에 4장은 양면에 글자가 있었고 7장은 한 면만 글자가 있었습니다. 11장에 적힌 여진 문자는 모두 237행 2,303자이고, 그 중 자형이 완전한 것은 1,757자이며, 중복 출현하는 글자를 빼면 실제 여진 문자의 수는 1천 자 안팎이라 생각됩니다. 여진 문자의 글씨체로 보아 두 사람이 쓴 것으로 보이고, 이 필사 연대는 필획의 모양이나 종이의 지질, 그리고 사용된 글자 중에 거란 문자가 그대로 나온다든가, 후대의 여진 비문이나《여진관 역어》에 나오지 않는 글자가 있다는 등의 이유로 미루어 보아 금나라 시대 전기의 것으로 볼 수 있겠습니다.[27]

《금사(金史)》의 완안 희윤(完顔希尹) 전(권73, 열전11)에 의하면 "금나라 사람은 처음에 문자가 없다가, 국세가 날로 강해져 이웃 나라와 통교를 하자 거란 문자를 사용하였다. 태조가 희윤(希尹)에게 명하여 본국 문자를 만들어 제도를 갖추게 하니, 희윤이 중국인의 해서체(楷書

---

27) 진치충(1979: 124)은 이 문서가 금 세종 대정(大定, 1161-1189) 이전에 기록된 것으로 보았습니다.

體)를 모방하고 거란 문자의 제도를 따르면서 본국 언어에 맞추어 여진 문자를 제정하였다. 천보(天輔) 3년(1119년) 8월에 《자서(字書)》[28]가 완성되었는데, 태조는 크게 기뻐하며 반행(頒行)하라고 명하고, 희윤에게 말 1필과 옷 한 벌을 주었다. 그 후 희종(熙宗, 1135-1149 재위)도 여진 문자를 만들어 희윤이 만든 문자와 함께 쓰게 하였다. 희윤이 만든 것을 여진 대자라고 하고 희종이 만든 것을 (여진) 소자라고 부른다.(金人初無文字, 國勢日强, 與鄰國交好, 酒用契丹字. 太祖命希尹撰本國字, 備制度. 希尹乃依仿漢人楷字, 因契丹字制度, 合本國語, 制女直字. 天輔三年八月, 字書成, 太祖大悅, 命頒行之. 賜希尹馬一匹, 衣一襲. 其後熙宗亦製女直字, 與希尹所製字俱行用. 希尹所撰謂之女直大字, 熙宗所撰謂之小字)"고 했습니다. 또 《금사》 종헌(宗憲) 전(권70, 열전8)에 "종헌(宗憲)의 본명은 아라(阿懶)인데 《여진 자서(女眞字書)》를 반행하였다.[29] 16세에 뽑혀 태학(太學)에 들어왔다. 태종이 태학에 행행(行幸)하니 종헌이 여러 학생들과 함께 뵈었다. 종헌의 행동이 성실하고 우아하여 태종은 가까이 불러 공부한 것을 암송케 하니, 말소리를 맑고 밝게 잘 응대하였다. 모시던 신하가 '이는 좌부원수(左副元帥)인 종한(宗翰)의 아우입니다.'고 하니 태종이 오래도록 감탄하고 칭찬하였다. 그는 거란 문자와 한자를 아울러 통하였다.(本名阿懶. 頒行女直字書, 年十六歲,

---

28) 《자서》를 일반 명사로 볼 수도 있고, 책이름으로 볼 수도 있습니다. 전문가들은 책이름 《여진 자서》의 준말로 보고 있습니다.

29) 완안 종헌(1108—1166)이 《여진 자서》를 반행하였다는 말은 믿기 어려운데 그것은 《여진 자서》가 완성된 것을 1119년으로 보는 학자들이 많이 있기 때문입니다. 이 구절을 "《여진 자서》가 반행되고 나이 16세에 태학에 뽑혀 입학했다."라고 번역하는 것도 어색합니다. 따라서 "頒行女直字書"란 구절은 무슨 이유로 잘못 들어간 것처럼 생각되기도 합니다.

選入學. 太宗(完顏晟)幸學, 宗憲與諸生俱謁, 宗憲進止恂雅, 太宗召至前, 令誦所習, 語音淸亮, 善應對. 侍臣奏曰: "此左副元帥宗翰弟也" 上嗟賞 久之. 兼通契丹漢字.)"라고 하였습니다. 이상 사적(史籍)에 기록된 바를 참조하면, 금나라 초기에 완안 희윤이 만든 《여진 자서》를 반행하여 아동의 여진 문자 계몽 서적으로 삼았고, 당시의 어린이들이 이 책으로 여진 문자를 공부했다고 생각됩니다. 여기 시안에서 발견된 여진 문자 문서는, 현재 전해지지 않는 완안 희윤의 《여진 자서》를 가지고 당시 학동들이 이 문자를 공부하기 위해 베낀 습작 원고로 추측됩니다.

이 문서의 내용은 천문, 지리, 시절, 방향, 인물, 식물, 동물, 주거, 의복, 도구, 음식, 인사, 숫자 등의 어휘집으로 되어 있어서, 명나라 시대 만들어진 《여진관 역어》의 그것과 그 배열 순서가 아주 비슷합니다.[30] 이 때문에 명나라 시대의 《여진관 역어》가 금나라 초기의 《여진 자서》를 바탕으로 해서 만들어졌을 가능성이 크다고 말하는 학자도 있습니다.[31] 어쨌든 이 문서의 발견으로 우리가 새롭게 알게 된 사실은, 지금껏 알려지지 않은 여진 문자 584자를 새로 알게 되어[32] 이것만으로도 이 문서 발견은 여진 문자 연구 역사상 획기적인 것이라 할 만하지만, 이 문서의

---

30) 《여진관 역어》의 편목은 대체로 천문, 지리, 시령(時令), 화목(花木), 조수(鳥獸), 궁실, 기용(器用), 인물, 인사, 신체, 음식, 의복, 진보(珍寶), 방우(方隅), 성색(聲色), 수목(數目), 통용 순으로 되어 있습니다.

31) 예컨대 진치충(1979) 참조. 그러나 니시다(1982: 146)는 이 의견에 반대하고, 오히려 《여진관 역어》의 어휘 배열법은 서하(西夏)에서 만들어진 서하어 단어집 《잡자(雜字)》(1187년)에 더 가까운 듯하다고 하였습니다. 또 니시다(1994: 160 이하)도 참조.

32) 울히춘(1998: 230)에 의하면 이 문서의 발견으로 우리가 알게 된 여진 문자는 전부 1,443자(이미 알고 있던 문자 859자 + 이 문서의 새로운 문자 584자)가 된다고 하였습니다.

검토를 통해 여진 문자 표기법의 한 변환(變換)을 알게 됨으로써 이 문서의 가치가 두드러진다고 할 수 있습니다.[33]

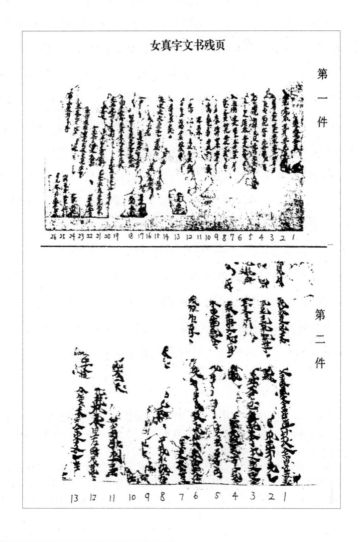

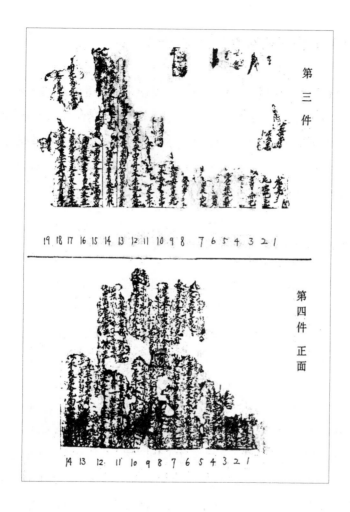

第
三
件

19 18 17 16 15 14 13 12 11 10 9 8 7 6 5 4 3 2 1

第
四
件

正
面

14 13 12 11 10 9 8 7 6 5 4 3 2 1

-哈 osi-ha '星']이라고 표기한 것을 이 여진문 자서에서는 朱라고만 표기하여 [斡失 -哈 osi-ha]로 읽던 것을 들 수 있습니다. 그러던 것을 우리의 말음첨기(末音添記)처럼 乎[哈 ha]자를 추가하여 적고 [斡失-哈 osi-ha]로 읽고 쓰게 된 것입니다. 이 추가된 글자를 표음문자로 보고 이것이야말로 여진 소자(小字)라고 주장하는 학자도 있고, 이에 대해 뜻을 나타내는 앞의 글자인 朱는 여진 대자(大字)라고 하는 학자도 있습니다.

2.4. 도장·거울의 명문(銘文) 자료

금나라 시대에 만들어진 도장이나 거울에 여진 문자가 새겨져 있는 것이 10개 가까이 발견되었지만, 그 문자의 수가 얼마 되지 않아서 학자들의 관심을 크게 끌지 못했습니다. 그러나 이 중에는 상당히 의미 있는 유물도 있으므로 어떤 것은 되도록 상세하게 소개해 둡니다. 여진 문자가 한두 개 정도 있는 것은 여기서 소개하지 않기로 합니다.

2.4.1. 커천[可陳]산 모극(謀克) 도장

이 도장은 1916년 지린[吉林]성의 허룽[和龍]현에서 발견된 것입니다. 이 도장의 옆면[旁鑴]에는 13자의 (한자가 아닌) 문자가 새겨져 있는데, 이에 관해서 최초로 학계에 알린 도리야마[鳥山] 교수의 글을 먼저 그대로 옮겨 둡니다.

"길림성(吉林省) 간도(間島) 용정(龍井)의 일본 총영사관 소속 아쿠타가와[芥川] 씨로부터 지난 1928년 가을 기증된 간도 지방 출토의 옛 금속 도장[古鐵古印]에 관한 한 보고가 있다. 그것은 본래 한 호사가(好事家)의 기록에 지나지 않는 것이지만, 그 중에 한 가지 나의 주의를 끈 것이 있다. 그것은 1916년 8월 12일 간도 화룡(和龍)현 사무사(四茂社) 사기동(沙器洞)(조선 회령[會寧] 맞은편)의 옛 성터에서 그곳 나천보(羅天甫)라는 조선인 농민이 밭을 갈던 중 한 구리 도장을 발견하고 이를 그곳 헌병 파출소에 제출했습니다. 그 구리 도장의 행방은 그 후 알 수 없고, 당시 사무사(四茂社) 사장이었던 전제권(全濟權)이라는 조선인이 기록하여 둔 바에 의하면, 도장 크기는 사방 1촌 8푼 5리이고, 글자는 '可陳山

謀克印'이 2행으로 3자씩 새겨져 있으며, 등쪽에는 '大定十八年十月禮部造'라 되어 있고, 옆쪽에 그림과 같은 13자가 새겨져 있었다고 한다. 아쿠타가와 씨의 보고는 다만 이 도장의 내력과 문자 베낀 것을 보이고 있을 뿐으로 그 도장의 사진도, 새긴 글자의 한 조각도 싣고 있지 않음(사실 그런 절차가 취해지지 않았을 것이다.)에서, 고증의 재료로서는 조건이 매우 갖추어져 있지 않지만, 잠시 억설(臆說)을 펴 보려 한다.

이 도장 옆쪽의 13글자는 발견자나 보고자의 날조(捏造)는 아닌 것으로 본다. 그래서 먼저 이 글자체에서 상상되는 것은 여진 소자(小字)의 불완전한 모사(模寫)가 아닐까 하는 점이다. 그 조선인은 그것이 여진자임은 꿈에도 몰랐고, 비교적 정직하게, 그러나 한자에 버릇되어 있던 결과 아마도 무의식적으로 그것을 다소 한자화하여 베꼈을 것이다. 그러나 어쨌든 이것을 얼른 보면 여진 소자를 베낀 것으로는 안 보일 것이다. 이런 도장의 등쪽이나 옆쪽의 문자는 그 도장 면의 글과 관계를 갖는다. 금나라 시대의 것으로 내가 직접 본 것은, 길림성 동경성(東京城)에서 출토(出土)하여 현재 영안현(寗安縣)의 농회(農會)에 보관되어 있는 '상경로군마 제공 목자 호인(上京路軍馬提供木字号印)'과 같은 것은 측면에서 등쪽으로 '貞佑三年十二月 上京行部造 軍馬提供 木字号印'이라고 한자로, 인면(印面)의 관명(官名)과 관계있는 구절을 새겨 놓고 있었다. [부기(附記). 별항(別項)「渤海國都上京龍泉府の遺址に就いて」참조.] 이 도장의 글자와 옆쪽의 여진 문자는 완전히 같지는 않더라도 어떤 관계를 갖는 것으로는 상정(想定)할 수 있을 것이다.

이 13자는 원래 모두를 여진 소자로서 설명할 수 없고, 그루버의 책에서 비슷한 것을 검색해 낼 수 있지만 그 의미를 알아내는 일은 상당히 곤

란할 것이다. 그러나 제9자, 제10자는 **屯列**(음은 alin, 그루버의 책 3쪽),
즉 산(山)을 의미하는 여진 소자가 아닐까? 제11자는 아직 해석할 수 없
지만 그 다음의 두 글자는 **未更**[muh-koh]가 아닐까? 물론 그루버의 책
에는 [muh-koh]라는 낱말은 보이지 않는다. 그런 까닭으로 이 보고된 문
자를 여진 소자라고 추정하는 것이 가능하더라도 이러한 여진어휘의 존
재를 운운하는 것은 너무 성급한 일이겠지만, 한편, 인면(印面)의 문자와
옆쪽의 문자의 관계, 모극(謀克)의 음 mou-ko의 쪽에서 미루어 여진어
에 muh-koh라는 말이 있고, 그것은 모극의 원뜻으로 추정되는 Solon어
mukun과 어떤 관계에 있는 것은 아닐까?[34] 요컨대 '모극(mou-ko)'이라
는 번역어를 가졌던 여진 원어는 muh-koh이고, 그 표기 문자로서 그림
과 같은 문자 표기가 존재하지 않았던가 하는 것이다. 이것은 무모한 독
단이지만 생각나는 대로를 적어서 뒤의 고찰을 기다리는 것이다.[35](도리
야마 1933: 166-168).

안마(1943: 75)에서는 이 도장의 여진 문자를 '□□□□猛安 可陳
山 謀克 印'으로 해독했는데, 필자의 관견(管見)으로는 마지막의 3자를
'謀克'의 여진어 표기로 보아 '□□□□猛安 可陳山 謀克 [□□□□
ming-an ke-sin-en ali-in mo-mu-ge]'으로 보고 '印'에 해당하는 여진
어는 표기 안 된 것으로 봄이 옳을 듯합니다. 또 자징옌(1982: 37)은 다

---

34) 만주어에도 mukūn(일족, 무리)이라는 단어가 있습니다.
35) 사실 '謀克'의 여진 문자 표기는 아래 사진과 같은데, 이 세 문자의 음은 [謀-木-克,
   mo-mu-ge]입니다. 남송(南宋) 시대의 서몽신(徐夢莘)이 1194년 간행한 《삼조 북
   맹 회편(三朝北盟會編)》 권3에 나오는 '毛毛可'가 그 원음에 가까울 듯하겠습니다.
   울히춘(2011: 159 등)은 이를 "mömkü"로 재구했습니다.

음 그림과 같이 '愛也窟河 猛安 可陳山 謀克'으로 해독하였습니다.

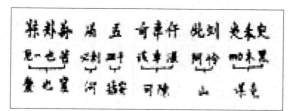

2.4.2. 이가이다거[移改達葛]하(河) 모극(謀克) 도장

이 도장은 언제 어디서 발견된 것인지 전혀 알려져 있지 않고, 뤄푸청의 《女眞譯語》(1933)에 의해 학계에 처음 소개되었습니다. 아래 사진에서 보듯이 정사각형(사방 1촌 8푼 5리) 도장의 인면(印面)은 '移改達葛河謀克印'의 전서체(篆書體) 8자가 2줄로 4자씩 새겨져 있고 등쪽에 '(大)[36]定十九年八月 / 禮部造'라는 한자가, 옆쪽에 '移改達葛河謀克印'이라는 한자가, 또 다른 옆쪽에 그림 왼쪽에서 보이는 7개의 여진 문자가 새겨져 있습니다. 안마(1943: 76)는 이 여진 문자를 '移改□河謀克印'으로 해독하였으나, 여기서도 마지막 3글자를 'mo-mu-ge'로 읽는 것이 옳을 듯합니다. 자징옌(1982: 36)은 다음 그림처럼 '移改達葛河 謀克'으로 해독하였습니다.

---

36) 사진에서 보듯 이 '大'자가 보이지 않는데, 어떤 이유에서인지 이렇게 '大定'의 '大'자를 생략한 도장들이 몇 개 발견되었습니다. 생략한 이유를 자세히 알 수 없습니다. 대정 19년은 1179년입니다.

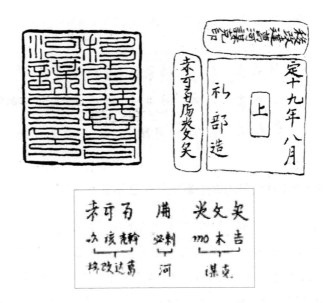

2.4.3. 허터우후룬[河頭胡論] 하(河) 모극(謀克) 도장

이 도장은 현재 톈진[天津] 박물
관에 소장 중인데, 그 소종래(所從
來)는 알지 못한다고 합니다. 뤄푸이
의 《여진문 인집(女眞文印集)》에도
그 사진이 나온다고 합니다. 정사각

형의 도장 크기는 1촌 8푼 5리이고 인문(印文)은 역시 전서체 '河頭胡論
河謀克印'이 두 줄로 새겨져 있고, 뒤쪽[印背]에는 '大定十六年四月禮
部造'가 두 줄로, 옆쪽에는 '納璘河術訶速猛安下'와 여진 문자 6자가 새
겨져 있습니다. 자징옌(1982: 35)은 다음 그림처럼 '河頭胡論河 謀克'으
로 해독하였습니다.

2.4.4. 허저우하이뤼안[和拙海欒] 모극(謀克) 도장

이 도장도 톈진 박물관에 소장된 것인데, 도장의 크기는 가로세로 1
촌 8푼이고 인문(印文)은 8자로 두 줄에 나뉘어 있으며, 뒤쪽에는 '定
十八年八月/禮部造'가 두 줄로 새겨 있습니다. 옆쪽에는 '和拙海欒謀克
之印'이란 한자와 같은 의미로 추정되는 여진 문자 8자가 새겨져 있습
니다. 자징옌(1982: 35)에는 '鴉(?)獲火羅合打 猛安 和拙海欒 謀克'으로
해독되어 있습니다.

2.4.5. 자훈[夾渾]산(山) 모극(謀克) 도장

이 도장은 베이징 고궁박물원(故宮博物院)에 소장된 것인데, 가로세
로 1촌 8푼이고 인문(印文)은 '夾渾山謀克印' 6자로 두 줄에 3자씩 새겨
져 있으며, 등쪽에는 '定十八年十一月禮部造'가, 옆쪽에는 '夾渾山謀克'
과 같은 의미의 여진 문자 7자가 새겨져 있습니다. 자징옌(1982: 36)에
서도 '夾渾 山 謀克'으로 해독되어 있습니다.[37]

---

37) 10여년 전 대구에서 다음과 같은 여진 문자 2자가 새겨져 있는, 팔뚝만한 돌이 나타
  났는데, 이 물건의 진위(眞僞)를 알 수 없습니다.

3. 맺는말

여진 문자는 현재 남아 있는 자료가 그리 많은 편은 아니나, 이 문자의 현존 자료에 관한 연구는 아직 완결되지 않았고, 또 새로운 자료가 나타날 가능성이 많은 문자로, 나아가야 할 앞길은 아직 멀다고 할 수 있습니다. 현존하는 여진 문자 연구 자료의 개괄적인 소개를 마치면서, 앞으로의 연구 과제 및 방향을 덧붙이고자 합니다.

첫째로, 기존 연구 자료를 면밀히 검토하여, 여진 문자의 음과 뜻을 정확히 밝히는 일입니다. 특히 위에서 소개한 금나라 시대의 비문 · 석각문(石刻文)을 철저히 해독(解讀)해야 할 것입니다. 그러기 위해서는 금나라 시대의 음운 체계를 먼저 재구(再構)해야 할 것인데, 이 작업은 현존 통구스 제어(諸語)와의 비교언어학적 검토가 반드시 필요하리라 생각됩니다.

둘째로 우리에게 그 이름은 알려져 있으나 아직 모습을 드러내지 않고 있는 여진 문자 자료를 찾아내는 일입니다. 그 중 가장 기대되는 자료는 조선 왕조 시대 사역원(司譯院)에서 만들고 17세기까지 여진어 교재로 사용하였던《구난(仇難)》,《거화(巨化)》,《팔세아(八歲兒)》,《소아론(小兒論)》,《태공 상서(太公尙書)》 등과, 그 가능성은 거의 없지만 금나라 시대 만들어진 각종 여진자 사서(史書)들을 찾는 일입니다. 특히 사역원의 여진문 교재들이 발견된다면, 이들에는 분명 우수한 훈민 정음 문자로 여진 어음이 표기돼 있을 것이므로 더없이 고귀한 자료가 될 것입니다. 이 밖에도 각종 금석문 자료들을 더 찾을 수 있을 것으로 믿어지고, 그리한다면 여진 문자와 여진어 연구는 훨씬 진일보하리라 생각됩니다.

참/고/문/헌

- 그루버(1896) ; Wilhelm Grube, *Die Sprache und Schrift der Jučen.* Leipzig: Kommissions-Verlag von Otto Harrassowitz.
- 김동소(1977ㄱ) : 金東昭, "北青 女眞字 石刻의 女眞文 研究."《국어국문학》76: 1-16.
- 김동소(1977ㄴ) : 金東昭, "龍飛御天歌의 女眞語彙 研究".《국어교육연구》(大邱: 경북대학교 사범대학 국어교육과) 9: 91-105.
- 김동소(1978) : 金東昭, "女眞語 研究의 現況과 展望," 啓明大學校 韓國學研究所 月例發表會 發表要旨文.
- 김동소(1979) : "(서평) 여진의 언어와 문자 연구 — 기사부로 N. 키요세 지은 —,"《한글》(서울 : 한글학회) 165: 123-141.
- 김동소(1983) : 金東昭, "女性 指稱의 女眞語詞 研究",《女性問題研究》(大邱 : 曉星女大 韓國女性問題研究所) 12: 163-176.
- 김동소(1988) : 金東昭, "慶源 女眞字碑의 女眞文 研究."《曉星女子大學校 論文集》36: 39-66.
- 김동소(2003) : "내가 받은 여진 · 만주 글자 새해 인사 편지."《한글 새소식》365: 9-12.
- 김동소(1992) : 金東昭,《女眞語,滿語研究》(黃有福 譯)(北京: 新世界出版社).
- 김동소(2008) : "북청 여진자 석각 탁본."《귀중 자료 해제집》(서울, 국사 편찬 위원회), 170-175.
- 니시다(1982) : 西田 龍雄,《アジアの未解讀文字》(東京 : 大修館書店).

- 니시다(1994) : 西田 龍雄,《西夏文字》(東京 : 紀伊國屋書店).
- 니시다(2001) : 西田 龍雄, "女眞文字",《言語學大辭典 別卷 世界文字辭典》(東京 : 三省堂) 503-511.
- 다무라(1937ㄱ) : 田村 實造, "大金得勝陀頌碑の硏究(上),"《東洋史硏究》 2-5: 405-437.
- 다무라(1937ㄴ) : 田村 實造, "大金得勝陀頌碑の硏究(下),"《東洋史硏究》 2-6: 542-560.
- 도르지(1983) : 道爾吉, "女眞譯語硏究", [和希格 共著],《內蒙古大學學報增刊》. 1-437.
- 도리야마(1935/1943) : 鳥山喜一,《滿鮮文化史觀》(東京 : 刀江書院).
- 드베리아(1882) : G. Devéria, "Examen de la stèle de Yen-taï: dissertation sur les caractères d'écriture employés par les tartares jou-tchen." *Revue de l'Extréme-Orient I*. 173-175.
- 뤄푸이(1937) : 羅福頤,《滿洲金石志》(旅順 : 滿日文化協會).
- 뤄푸이(1965) ; 羅福頤,《女眞文印集》(n.p., n.d.).
- 뤄푸이(1982) : 羅福頤 · 金啓孮 · 賈敬顏 · 黃振華, "女眞字奧屯良弼詩刻石初釋."《民族語文》 2: 26-54.
- 뤄푸청(1929) : 羅福成, "女眞國書碑考釋",《支那學》(東京 : 支那學會) 5-4: 103-105.
- 뤄푸청(1933) : 羅福成,《女眞譯語》(旅順 : 滿日文化協會).
- 류주이장(1979) : 劉最長(1979), "西安碑林發現女眞文書 · 南宋拓全幅集王《聖敎序》及版畵", [朱捷元 共著].《文物》(北京 : 文物出版社) 276: 1-6.

- 류펑저(1980) : 劉鳳翥, "女眞字'國誠'銀牌考釋", 《文物》(北京; 文物出版社), 277: 33.

- 류펑저(1981) : 劉鳳翥, "女眞文字《大金得勝陀頌》校勘記", [于寶麟 共著].《民族語文論集》(北京 : 中國社會科學出版社) 292-344.

- 리게티(1953) : Louis Ligeti, "Note préliminaire sur le déchiffrement des《petits caractères》joutchen," *Acta Orient, Hung.*, tom. III. fasc. 3: 211-228.

- 리게티(1961) : Louis Ligeti, "Les inscriptions Djurtchen de Tyr, la formule *OM MANI PADME HŪM*," *Acta Orient, Hung.*, tom. XII: 5-2.

- 리쉬에즈(1976) : 李學智, "女眞譯語證誤舉隅", 《邊政年報》 7: 119-146.

- 무라야마(1951) : 村山七郎, "吾妻鏡に見える女眞語について,"《東洋學報》 33-3 · 4: 146-48.

- 무훙리(2004) : 穆鴻利, "蒙古國女眞文,漢文《九峰石壁紀功碑》", [孫伯君 共著].《世界民族》 2004年 第4期 : 58-66.

- 민영규(1967) : 閔泳珪, "慶源女眞字碑考釋(上)",《東方學志》(서울 : 延世大 東方學研究所) 8: 1-13.

- 순버쥔(2008) : 孫伯君, "圣彼得堡藏女眞文草書殘叶匯考,"《北方文物》 2008-3: 78-85.

- 순진이(1979) : 孫進已, "海龍女眞磨崖石刻",《考古與文物》 79-2: 193-230.

- 시라토리(1898) : 白鳥 庫吉, "契丹女眞西夏文字考,"《史學雜誌》 107: 28-42.

• 신태현(1965) : 辛兌鉉,《女眞文字와 言語의 研究》(서울 : 語文閣).

• 신태현(1967) : 辛兌鉉, '女眞文字의 構造에 對하여,"《慶熙大學校論文集》 5: 83-94.

• 안마(1938) : 安馬 彌一郎,「大金得勝陀頌碑の研究」を讀む《東洋史研究》 3-6: 554-6.

• 안마(1943) : 安馬 彌一郎,《女眞文金石志稿》(京都 : 碧文堂).

• 야기(1926) : 八木 奘三郎, "金の得勝陀碑",《滿洲舊蹟地 下》(東京 : ?), 370-5.

• 야마모토(1951) : 山本 守, "女眞譯語の研究",《神戸外大論叢》 2-2: 64-79.

• 야마지(1956) : 山路 廣明,《女眞語解》(東京 : アジア・アフリカ言語研究室).

• 야마지(1958/1980) : 山路 廣明,《女眞文字の製字に關する研究》(東京 : アジア・アフリカ言語研究室).

• 야오펑(1985) : 姚風, "紙抄女眞文的首次發現,"《北方文物》 1985-2: 84-87. 女眞文校對 柳鳳翥. 카라(1972)의 번역.

• 옌화(1979) : 顏華, "女眞文國信牌的發現",《社會科學戰線》(天津 : 社會科學出版社), 6: 209.

• 오사다(1958) : 長田 夏樹, "奴兒干永寧寺碑 蒙古文・女眞文釋稿."《石濱先生古稀記念 東洋學論叢》(京都 : 關西大學文學部東洋史研究室). 36-47.

• 오사다(1970) : 長田 夏樹, "女眞文字と現存史料",《歷史敎育》(東京 : 日本書院) 195號, 25-31.

• 와타나베(1927) : 渡部 薰太郎,《新編 金史名辭解》. 大阪東洋學會.

[油印].

* 울히춘(1998): 愛新覺羅 烏拉熙春, "西安碑林女眞文字書新考", 《碑林集刊》5. 230-241.
* 울히춘(1999ㄱ): 愛新覺羅 烏拉熙春, "『朝鮮北靑女眞字石刻』女眞文新釋",《立命館文學》561.
* 울히춘(1999ㄴ): 愛新覺羅 烏拉熙春, "『大金得勝陀頌碑』女眞文新釋 — 紀念金光平先生誕辰一百周年",《立命館言語文化硏究》11卷 2号.
* 울히춘(2001): 愛新覺羅 烏拉熙春,《女眞文字書硏究》. 風雅社.
* 울히춘(2002): 愛新覺羅 烏拉熙春,《女眞語言文字新硏究》. 明善堂.
* 울히춘(2006): "蒙古九峰石壁石刻と'札兀惕‧忽里,'"《立命館文學》595,
* 울히춘(2009ㄱ): 愛新覺羅 烏拉熙春, "〈希里札剌謀克字董女眞大字石函〉銘文考,"《東亞文史論叢》. 2009-2.
* 울히춘(2009ㄴ): 愛新覺羅 烏拉熙春,《愛新覺羅烏拉熙春女眞契丹學硏究》.(東京: 松香堂書店).
* 울히춘(2009ㄷ): 愛新覺羅 烏拉熙春,《明代の女眞人 —『女眞譯語』から『永寧寺記碑』へ—》. 京都大學學術出版會.
* 울히춘(2011): 愛新覺羅 烏拉熙春,《韓半島から眺めた契丹‧女眞》[吉本道雅 共著], 京都大學學術出版會.
* 이기문(1986): "九國所書 八字에 對하여,"《진단학보》62.
* 이나바(1930): 稻葉 岩吉, "北靑城串山城女眞字磨崖考釋,"《靑丘學叢》2: 21-42.

- 이나바(1932) : 稲葉 岩吉, "吾妻鏡女直字の新研究,"《靑丘學叢》9: 1-19.

- 이상규(2012) : "'明王愼德 四夷咸賓'의 대역 여진어 분석,"《언어과학연구》63: 233-260.

- 이상규(2014ㄱ) : 《여진어와 문자》(서울: 도서출판 경진). 진광핑(1980)의 번역. 왕민과 공역.

- 이상규(2014ㄴ) : 《명나라 시대 여진인 : 『여진역어』에서 『영녕사기비』까지》(서울: 경진출판). 울히춘(2009ㄷ)의 번역. 다키구치 게이코와 공역.

- 이상규(2015) : 《사라진 여진 문자 : 여진 문자의 제작에 관한 연구》(서울: 경진출판). 야마지(1958/1980)의 번역. 이순형과 공역.

- 이시다(1931) : 石田幹之助, "女眞語研究の新資料",《桑原博士還曆紀念 東洋史論叢》(東京: 弘文堂書房), 1271-1323.

- 이시다(1940) : 石田幹之助, "Jurčica."《池內博士還曆記念東洋史論叢》(東京: 座右寶刊行會) 39-56.

- 자징옌(1982) : 賈敬顏, "女眞文官印考略",《中央民族學院學報》第4期 35-37.

- 진광핑(1964/1980) : 金光平,《女眞語言文字研究》[金啓孮 共著] (北京: 文物出版社).

- 진스(2012) : 金適, "近年來女眞大字石刻的新發現,"[凱和 共著],《考古与文物》16-20.

- 진치충(1979) : 金啓孮, "陝西碑林發現的女眞字文書",《內蒙古大學學報 哲學社會科學版》1 · 2期. 1-21.

- 진치충(1984) : 金啓孮.《女眞文辭典》, 北京, 文物出版社.

- 카라(1972) : Кара, Д., Е. И. Кычанов, В. С. Стариков, "Перваянаходка Чжурчжэньских Рукописных Текстов на Бумаге." *Письменные Памятники Востока : Историко-филологические Исследования* 1969, pp.223-228, Москва: Издательство 《Наука》.

- 케인(1989) : Daniel Kane, *The Sino-Jurchen Vocabulary of the Bureau of Interpreters*. Uralic and Altaic Series 153, Bloomington: Indiana University, Research Institute for Inner Asian Studies.

- 키요세(1977) : Gisaburo N. Kiyose(1977), *A Study of the Jurchen Language and Script*, reconstruction and decipherment. Kyoto : Horitsubunka-sha.

- 펑용치엔(1980) : 馮永謙, "海龍金漢文摩崖是近代僞刻", 《遼寧大學學報》 3期.

- 헤이룽장(1977) : 黑龍江, "黑龍江畔綏濱中興古城和金代墓群", [黑龍江文物考古工作隊]《文物》(北京 :文物出版社) 4期.

Materials for the Study of Jurchen Scripts

by Prof. Emerit. Kim Dongso (Daegu Catholic University)

Existing research materials for Jurchen scripts, though not so many, can be classified as follows:

1. The literature containing the scripts,

2. Inscriptions and stone-carved materials,

3. Hand-copyed materials,

4. Inscriptions on the seals and mirrors.

[실린 곳]《2015 연구보고, 한글과 동아시아의 문자》(서울, 국립한글박물관) (2015. 12.) p.p. 77-124.

2. 慶源 女眞字碑의 女眞文 硏究

1. 緖論

女眞族은 11世紀末부터 16世紀에 이르는 오랜 期間 동안 우리 民族과 不斷한 接觸을 해 오면서 文化的·言語的인 面에서 影響을 주고받아 왔다. 世界的으로 稀貴한 女眞語 金石文 中 2個의 碑文(北靑 女眞字石刻·慶源 女眞字碑)이 우리 韓半島 안에 남아있다는 事實이 이를 證明한다. 지난 數世紀 동안 우리 疆域의 隣北에 雄居하면서 우리 民族과 接觸한 民族이 한둘이 아니지만, 가장 長久한 期間 동안 가장 密接한 關係를 맺어온 北方民族은 이 女眞族이라 아니 할 수 없다. 冒頭에서 우리 民族과 女眞族과의 接觸이 11世紀에서 16世紀에 이른다고 했으나, 이 女眞族의 祖上인 靺鞨族, 그리고 그 後孫인 滿洲族까지 包含한다면 이 民族과의 關係는 無慮 10世紀를 넘는 悠久한 것이 되며, 게다가 朝鮮과 肅愼이라는 말의 語源을 同一한 것으로 본다면[1] 兩民族의 關係史는 더

* 이 論文은 1987年度 文敎部 自由公募課題 學術硏究助成費에 依하여 硏究되었음.

욱 太古로 遡及될 수 있을 것이다.

우리 祖上들은 政治的인 理由로 因해 女眞語 硏究에 힘써 왔다. 高麗
時代부터 朝鮮朝中期에 이르도록 徹底한 學習을 시켜 온 女眞學으로
因해 우리나라는 可謂 世界第一의 女眞語 硏究國으로 存續되어 왔고
따라서 많은 女眞語 敎科書가 刊行되었으며, 그것도 訓民正音이라는 優
秀한 表音文字로 女眞語音을 轉寫했을 것이나, 이 좋은 傳統은 다른 外
國語 硏究(漢學·蒙學·倭學)와 함께 이 數世紀 동안 非實用的이라는
理由로 斷切되고 말았고, 女眞語 硏究는 日本·中國 및 歐美學者들에게
그 主導權을 빼앗긴 셈이 되었다.

今世紀에 들어와 韓國語 系統論 硏究와 Altai語 比較硏究의 必要性
때문에 Tungus 語派의 最古 文獻語인 女眞語가 새로운 脚光을 받게 되
었으나[2] 그 資料의 많지 않음과 學者들의 無關心으로 因해 國內의 硏究
는 거의 없었던 狀況이었다. 稀貴한 女眞語 金石文 資料가 國內에 2個
나 있고[3] 그 中 本 硏究에서 다루려는 慶源 女眞字碑는 現存 女眞 金石
文 中 最古의 것으로 믿어지는 貴重한 資料로서 國內에 保存되어 있음

** 曉星女子大學校 國語國文學科 副敎授

1) 이 可能性은 疑心스러운 바 크나 肅愼·息愼·稷愼; 女眞·朱先·朱申·Jušen 等이
朝鮮과 同一 語源의 語詞라는 假說은 일찍부터 있어 왔다. cf. 崔南善, 1918. "稽古劄
存",《六堂崔南善全集》(高大 亞細亞問題硏究所 六堂全集編纂委員會, 1973) 2:14-42,
더 仔細히는 金東昭 1977 b : 91f. 參照.

2) 女眞語가 滿洲語와 親近한 관계에 있음은 이미 그 最初의 硏究家 Grube(1986)에 依
에 證明되었다. 女眞語가 Tungus語派에 屬하는 個別言語임을 最初로 宣言한 이는
Gorcevskaya(1959 : 22-5)였지만 그 以前에 P. Schmidt(1923 : 229)가 다음과 같이
말한 바 있다.
"The western Goldi idioms are nearly related to the Manchu, particularly to the Old
Juchen, and for that reason the Manchu, the Juchen, the Goldi and the Olcha seem to
be only different dialects of one and the same language."

3) 그 中 하나인 北靑 女眞字 石刻은 金東昭(1977a)에서 解讀된 바 있다.

에도 不拘하고 國內學者는 勿論 外國學者들도 그 本格的 研究에 손댄 이가 別로 없었음은 不幸한 일이라 아니 할 수 없다.

　이제 研究者는 이 慶源 女眞字碑의 女眞文을 解讀함으로써 그 時代的 ㆍ文化的 局面도 理解하고, 女眞語 研究 — 나아가 Altai語 研究와 韓國語 系統論 研究에 一助가 되고자 하는 것이다.

2. 現存 女眞語 研究資料

　現存 女眞語 資料는 實은 研究가 힘들 程度로 不足한 것이 아니다. 今世紀 初에 이미 알려져 있던 7個의 碑ㆍ石刻資料와 數種의《女眞舘譯語》ㆍ《金史》를 爲始한 內外史籍의 斷片의 資料 外에 50年代 以後 主로 中國에서 發見된 印ㆍ鏡 銘文資料 및 墨跡資料 等은 餘他 未解釋의 古代文字 資料보다는 量的으로 훨씬 豊富한 資料量이라 할 수 있다. 이제 先學들의 研究와 筆者의 調査를 合하여 現存 女眞語 研究資料를 簡略하게 紹介함으로써 關心있는 學者들의 研究 길잡이로 삼고자 한다.[4]

2.1. 文獻資料

　女眞語 研究에 가장 重要한 文獻資料를 表로 整理해 보면 다음과 같다. 그러나 勿論 量的으로나 質的으로 가장 重要한 文獻은《華夷譯語》

---

4) 女眞語 研究資料의 記述은 簡要하게 하였으므로 보다 詳細한 것은 該當 參考文獻으로 미룬다. 이 資料整理에 主로 參考한 文獻은 石田(1931), 劉厚滋(1941), Kiyose(1977), 金東昭(1979~1985), 金光平(1980), 金啓綜(1984 a ㆍ b) 等이다.

임은 再言의 餘地가 없다.

名　稱	記錄年代	異　本	最初 및 最新의 研究
1.《四夷舘本 華夷譯語 女眞舘譯語》(乙種本 華夷譯語)	明 永樂 年間(15世紀初)	伯林本 · 東洋文庫本 · 北京本 · 柯邵忞本 · 內閣文庫本 · 羅福成手寫本 · 內藤本 · 翁賈溪本	Grube 1896道爾吉 1983
2.《會同舘本 華夷譯語 女直譯語》(丙種本 華夷譯語)	明　末(17世紀)	阿波國文庫本 · 靜嘉堂文庫本	外山 1938山本 1951
3. 王世貞《弇州山人 四部稿》	明 嘉靖 · 萬曆年間(16世紀)		金光平 1980
4. 方于魯《方氏墨譜》	明 萬曆 16年(1588年)		石田 1940
5.《吾妻鏡》	日本 文永 3年(1266年)	吉川本 ； 北條本 駿府文庫本 · 來歷志本 等	稻葉 1932顔華 1979
6.《龍飛御天歌》	朝鮮 世宗 27年(1445年)	初刊本 ；光海君本 · 孝宗本 · 英祖本	金東昭 1977b

　　이밖에도《金史》·《遼金元藝文志》의 女眞語 關係記事 및 人名 · 地名 · 官名이 參考가 된다. 現在 散佚되었으나 金代의 女眞語 辭典 · 學習書 · 譯書類인《女眞字書》[5] ·《女眞小字》·《女眞字母》·《易經》·《尙書》·《孝經》·《論語》·《孟子》·《老子》·《楊子》·《文中子》·《劉者》·《史記》·《漢書》·《新唐書》·《百家姓》·《家語》·《貞觀政要》·《白

---

5)《女眞字書》라고 믿어지는 女眞語語彙集이 最近 發見된 바 있다.(cf. 金啓孮 1979).

氏策林》·《盤古書》·《太公書》·《伍子胥書》·《孫臏書》·《黃氏女書》
等 數十餘種과, 朝鮮朝 司譯院의 女眞語 敎科書인《千字文》·《兵書》·
《小兒論》·《三歲兒》·《自侍衛》·《八歲兒》·《去化》·《七歲兒》·《仇
難》·《十二諸國》·《貴愁》·《吳子》·《孫子》·《尙書》等 14種이 發見
된다면 最良의 女眞語 硏究 文獻資料가 될 것이다.

2.2. 碑·石刻資料

碑 · 石刻資料는 前述한 대로 今世紀 初에 7個가 알려져 있었고 그 後
3個가 더 發見되어 10個가 되었다. 그러나 1934年 發見되었다는 海龍
慶云堡摩崖女眞漢字碑(一名 柳河半截山女眞國書摩崖碑)는 最近 僞刻
임이 判明되어(cf. 馮永謙 1980) 實際 碑 · 石刻 資料는 9個인 셈이다.[6]
이들을 製作年代에 따라 一覽表로 整理하면 다음과 같다.

名稱	原所在地	現所在地	最初의 記錄	最初 및 最新의 硏究	製作年代	女眞字數
1. 慶源 女眞字碑	北韓 咸鏡北道 東原面 禾洞 佛寺址	서울 景福宮 勤政殿 回廊	《北路紀略》(19世紀?)	安馬 1943 金光平 1980	金 海陵 正隆 元 年(1156 年)[7]	23行 740 字 內外

---

6) 이 밖에 Kiyose(1977 : 25)는 1945年 內蒙古 Silingol의 West Khuchit에서 發見되었
다는 Tsagan Obo碑를 들고 있으나 이는 長田(1949 : 4)의 誤謬를 批判없이 引用한 것
이다.

7) 이 製作年代는 筆者의 推定이다. 그 詳細한 論據는 本 論文 '六. 碑石 製作年代 推定'
部分을 볼 것.

2. 海龍慶云堡摩崖女眞字碑(一名 楊樹林山頂摩崖碑)	中國 吉林省 海龍縣 山城鎭 慶云堡	(左同)	《藩故》(19世紀)	羅福成 1929 馮永謙 1980	金 世宗 大定 7年 (1167年)	8行 84字
3. 大金得勝陀頌碑	中國 吉林省 扶餘縣 石碑 歲子	(左同)	《吉林外記》(1821年)	八木 1926 劉鳳翥 1981	金 世宗 大定 25年(1185年)	36行 1500餘字 (漢譯有)
4. 奧屯良弼餞飲碑 (一名 泰和題名殘石)	中國 山東省? (羅辰玉氏 所藏)	中國 歷史 博物舘	(發見年代 未詳)	羅福成 1931 金光平 1980	金 永濟 大安 2年 (1210年)	3行 60餘字(漢文 4行)
5. 奧屯良弼題飲詩石刻(一名 山東蓬萊刻石)	中國 山東省? (賈敬顏氏 所藏)	?	(終戰後發見)	羅福頤 1982	金 永濟 大安 年間(1210年)	11行 170餘字
6. 女眞進士題名碑 (一名 宴臺碑)	中國 河南省 開封市 宴臺河	中國 河南省 開封市 文廟內	《癸亥雜識》(13世紀?)	Devéria 1882 金光平 1980	金 哀宗 正大 元年(1224年)	24行 1,100餘字(漢譯完全 磨滅)
7. 昭勇大將軍同知雄州節度使墓碑	中國 吉林省 舒蘭縣 小城子公社	(左同)	(1983年發見)	金啓倧 1984b	未詳	1行 21字

8. 北青 女眞字石 刻	北韓 咸 鏡南道 北青郡 俗厚面 蒼城里 城串山城	(左同)	(1911年 發見)	稲葉 1930 金東昭 1977a	高麗 忠 烈王 4年 (1278年)	5行 47字
9. 奴兒干 都司 永 寧寺碑	蘇聯 Amur江 下流 Tyr 地方	蘇聯 Vladivo- stok極東 大學 博 物館	《東韃紀 行》 (1823) 《吉林通 志》 (1891)	Ravenstein 1861 金光平 1980	明 成祖 永樂 11年 (1413年)	15行 700 餘字(漢 譯·蒙古 譯有)

2.3. 印 · 鏡 銘文資料

印 · 鏡 銘文資料는 그 性格上 字數가 大部分 10字 以內이므로 量的
으로도 貧弱하고 質的으로도 그리 좋은 硏究資料라 하기는 어렵다. 製
作年代 順으로 그 이름만 羅列한다.

1) 河頭胡論河謀克印(金 世宗 大定 16年製, 女眞字 6字, cf. 羅福頤
1965).

2) 和拙海彎謀克印(金 世宗 大定 18年製, 女眞字 8字, cf. 羅福頤
1965).

3) 可陳山謀克印(金 世宗 大定 18年製, 女眞字 13字, cf. 安馬 1943).

4) 夾渾山謀克印(金 世宗 大定 18年製, 女眞字 7字, cf. 羅福頤 1965).

5) 移改達葛河謀克印(金 世宗 大定 19年製, 女眞字 7字, cf. 羅福成
1933).

6) 叩畏猛安銅鏡(女眞字 4字餘, cf. 羅福頤 1965).

7) 緩帶文銅鏡(女眞字 9字, 1974年 發見, cf. 金光平 1980)

8) 咸平府謀克官造鏡(女眞字 1字, cf. 羅福頤 1937).

9) 遼寧博物館藏女眞銘文銅鏡(女眞字 11字, cf. 金啓孮 1984b).

10) 女眞文畵押銅印(女眞字 1字, 1977년 發見, cf. 黑龍江 1977).

11) 蘇聯 沿海州 Partizansk 出土 銀牌(女眞字 7字, 1976年 發見, cf. 顔華 1979, 劉鳳翥 1980).

2.4. 墨跡資料

女眞語 墨跡資料는 筆寫된 女眞字資料라는 點에서 學究的 好奇心을 끌 만하고 量的으로도 豊富하지만 그 大部分이 判讀 不可能할 程度로 字劃이 不鮮明한 것이 欠이다. 그러나 보다 綿密히만 硏究한다면 앞으로 解讀될 可能性이 없는 것도 아니고, 또 이런 資料가 앞으로도 더 發見될 可能性이 크다.

1) 內蒙古自治區 呼和浩特市 萬部 華嚴經塔上 女眞文題字(8行 100餘字, 判讀 不能, cf. 金光平 1980).

2) 昌平州 居庸關 彈琴峽 女眞文題字(元代에 이미 半이나 磨滅되어 判讀 不能 狀態, cf. 金光平 1980).

3) 陝西省 西安 碑林 石臺 孝經 發現 女眞文書(1973年 發見, 11頁 237行 2,300餘字, cf. 劉最長 1979, 金啓孮 1979).[8]

4) 內蒙古自治區 科爾沁右翼前旗 烏蘭茂都公社壁畵所題 女眞字(cf.

---

8) 이 女眞字 文書가 金代의 女眞語 辭典인 完顔希尹著《女眞字書》의 抄本이라고 보는 見解가 있다(cf. 金啓孮, 1979).

金光平 1980).

5) 內蒙古自治區 科爾沁右翼中旗 杜爾基公社 女眞字墨跡(cf. 金光平 1980)

6) 蘇聯 Leningrad 東洋學硏究所 西夏文書中의 女眞字文書(1968年 發見, 2頁 13行 170餘字, cf. Kara 1972).

3. 慶源 女眞字碑의 槪要

現在 서울 景福宮 勤政殿 回廊에 保存되어 있는 이 慶源 女眞字碑(以下 '慶源碑'로 略稱함)는 原來 咸鏡北道 慶源郡 東原面 禾洞의 廢寺址에 있었던 것으로, 1910年代 初 朝鮮總督府 委囑 古蹟調査委員인 鳥居龍藏이 再發見하여 1918年 當時의 朝鮮總督府 博物館으로 옮겨 왔고[9] 그 後 어느 때인가 다시 現在의 位置로 옮겨진 것이다. 이 慶源碑는 1919年 朝鮮總督府 刊行《朝鮮金石總覽》上卷 551-2頁에 慶源 女眞字碑라는 名稱으로 그 碑文 4面이 모두 陽畵로 紹介되어 있다.[10]

---

9) 慶源碑의 發見 및 移轉 報告書는 筆者 未見

10) 그러나 이《朝鮮金石總覽》의 碑面 順序는 잘못되어 있다.《總覽》은 慶源碑의 第 1·2·3·4面을 第3·4·1·2面으로 잘못 보았는데 그것은 第2面 下端部가 磨滅 되어 있어서 이 面을 最後의 碑面으로 생각했기 때문인 듯하다.

이 慶源碑는 4面에 모두 女眞字가 記刻되어 있다는 점에서 唯一無二한 것이다. 大金得勝陀頌碑나 奴兒干都司永寧寺碑처럼 碑陽에 漢文, 碑陰에 女眞文을 刻字한 碑는 있지만 碑石 4面에 모두 女眞字를 새긴 것은 現在로는 이 慶源碑 밖에 없다.

이 慶源碑에 關한 文獻上 最初의 言及은《北路記略》[11]의 다음 記錄으로 믿어진다.

---

11) 이 筆寫本 文獻의 編者와 그 正確한 著述年代는 모두 未詳이다. 그러나 19世紀 北方 地域의 狀況을 詳細히 報告하는 이《北路紀略》은 北方民族과의 關係史와 그 民族의 文化·言語 硏究에 至寶的 文獻으로 보이어 後日 綿密한 硏究를 期約한다.

　　"府東乾元堡里中有寺洞 洞有石碑 碑長布帛尺三尺半而上折 廣一尺二
寸厚一尺 四面皆有刻文 其文不可知略記數字于下 **毌 至 尖 用 氏**
叓 仔 仐 血

《北路紀略》卷之二 州郡誌 慶源 古跡條)

　　《北路紀略》의 著者는 慶源碑를 實測하여 記錄을 남긴 最初의 人物이
다.[12]

　　1919年刊의 前述 《朝鮮金石總覽》은 慶源 女眞字碑에 關해 다음의
情報를 提供해 주고 있다(551-2頁).

　　"所在：朝鮮總督府博物舘(大正7年咸鏡北道慶源郡東原面禾洞ヨリ
　　　　移ス)
　　年時：(未詳)
　　　　(碑身上部缺失縱五尺八寸橫一尺七寸五分厚一尺三寸五分字徑
　　　　二寸)"

　　《北路紀略》과《總覽》의 碑身의 크기에 關한 記錄은 多少 差異가 있
는데, 筆者의 實測에 依하면 碑身 殘存部의 最高 높이는 175.8cm로서

---

12) 稻葉(1930：39)에는 다음과 같은 말이 있다.
　　"慶源の女眞碑は、わたくしの知るところでは、《寬谷野乘》を始めとするが、しかし、
　　この著者は、その女眞文字であることは、知るに及ばなかった. この碑の形の方柱で
　　あること、四面に刻字されてゐることなどは、特に注意される. わたくしは未だ全文
　　を解するに至らないが、寺刹に關する記文であることは信ぜられよう、碑の所在地
　　を舊、寺洞といった."
　　그러나 筆者는《寬谷野乘》이라는 冊을 보지 못했다. 稻葉의 말로 보아《北路紀略》
　　의 著者가 或是《寬谷野乘》의 著者 金起泓(1635~?)과 關係가 있을지?

이 部分에 第Ⅰ面 第1行과 第Ⅲ面 第6行이 刻字되어 있다. Ⅰ·Ⅲ面의 幅은 53cm, Ⅱ·Ⅳ面의 幅은 41cm로서 正方柱에 가까우며 字徑은 6~7cm이나 疎拙한 筆體이므로 글자의 크기가 整濟되어 있지는 않다.

行數 및 字數는 다음과 같다.

碑面	行數	解讀可能字數	缺失字數(推定)	合計
Ⅰ	7行	190字	36字	226字
Ⅱ	5行	57字	100字	157字
Ⅲ	6行	173字	20字	193字
Ⅳ	5行	158字	5字	163字
計	23行	578字	161字	739字

1行의 最多字數는 36字이고(第Ⅲ面의 第5行·第Ⅳ面 第5行), 最少字數는 28字로서(第Ⅲ面 第6行), 1行 平均 32字로 되어 있다.

《北路紀略》에도 言及되어 있듯이 이 碑石의 原所在地 慶源郡 東原面 禾洞의 舊名이 乾元堡里 寺洞인 것으로 보아 이 慶源碑의 女眞文 內容이 寺刹 緣起에 關한 것이 아닐까 推定해 왔으며(稲葉 1930 : 39, 安馬 1943 : 49) 後續 硏究에 依해 이것이 事實임이 밝혀졌다. 또 疎拙한 筆體와 四面碑 等으로 미루어 初期의 女眞碑로 推定된다.

이 慶源碑의 女眞文을 解讀코자 한 女眞學者는 數三名 있다. 먼저 安馬彌一郎(1943 : 45-53)은 110字 程度 解讀했으나 斷片的 字譯에 그쳤으므로 內容 把握은 全혀 不可能했다. 다음 閔永珪(1967 : 3-1)의 硏究가 있는데 이 論文 末尾에 "1943年 3月 22日稿"라는 記錄이 있음을 보아 解讀은 퍽 일찍 이루어진 듯하다. 閔永珪는 460餘字를 解讀해 全體의 半 以上을 읽은 셈이나, 碑面의 順序를 잘못 잡았고(Ⅰ·Ⅲ·Ⅳ·Ⅱ

의 順序가 되었다) 碑文의 內容은 全혀 理解하지 못하였다.

　本格的으로 이 慶源碑를 解讀한 學者는 中國 內蒙古大學의 金光平 · 金啓綜 父子인데 그 結果는 金光平(1980 : 332-54)[13]에 있다. 이들은 全文을 거의 判讀하고 碑石 製作年代까지 推定하였으나 內容 把握에 無理가 있고 筆者로서는 製作年代도 贊成할 수가 없다.

4. 碑文 解讀 및 女眞語形 再構

　이제 筆者는 主로 閔永珪(1967)와 金光平(1980)의 研究를 參照하면서 이 慶源碑를 全面 다시 解讀하고자 한다. 아울러《女眞舘譯語》에 漢字로 表記된 女眞音과 滿洲文語 및 Tungus 諸語를 參照하여 女眞語音을 再構하였는데, 그 結果는 pp.81~87에 提示되어 있다.

　맨 처음에 나오는 Roma 數字는 碑石의 面次를 나타내고 그 다음의 Arabia 數字는 女眞文 行次를 나타낸다(例컨대 Ⅱ-3은 第Ⅱ面 第3行). 數字와 함께 있는 文字들이 碑石의 女眞文이고, 그 밑의 漢字는 主로 《四夷舘本 華夷譯語 女眞舘譯語》에서 摘取한 것으로 女眞文字의 音을 나타낸다.[14] 女眞字音을 나타내는 이 漢字들 밑의 下線은 이 女眞字들이 한 單語됨을 表한다. 세 번째 줄은 筆者의 飜譯이고 이 譯語 아래의 下點線은 이 語詞들이 固有名詞(人名 · 地名)임을 나타낸다. 그 다음의

---

13) 이 論文은 이미 1964年에 金光平 · 金啓綜 父子의 共編인《女眞語言文字研究》로 公刊(中國 內蒙古大學에서 油印)되었다고 하나 未見이므로 筆者는 오로지 金光平(1980)에만 依存하였다.

14) 이 漢字音은 周知하다시피 明代의 北京音으로 女眞音을 再構하는 데 必須的 關鍵이다.

I-1 　*nanšenhъju　*anban　*ancun　*gurun　*halan　*won

I-2 　*foyomon　*mutalu　*cenbiši　*bitehesi　*wennu　*bur

I-3 　*mingan　*gafu　*momuhu　*nialma　*hecehe　*gaša　*do　*te

I-4 　*..dan　*josun　*eyeku　*sufin　*woha　*tuman　*ulud..

I-5 　*tihagama　*cerin　*bahaši　*bur　*tailan　*itibuma

王	五	枭	余	尨	文	方	甬	茭	妥	洋	舍	柴	孛	屌	厌
寒	町	全	本	袁	目	忍	抠	卜	古	哈	沙	朶	半	魯	卜
	猛安	舍	衛	乇	乇	可	怨	卜	立		村		生長한		

*mingan *šeui *momuhu *genbugu *gaša *do *bandiburu (?)

乐	友	夹	斥	天	卓	术	字	夹	斥	署	玊	功	庋
造	剃	卜	吉	心乙	剃	犀	一立	卜	吉	愁	分	幹	安

全二立 製作할二로비 寺 (을) 建立할二로 비 愁源 路
*ancunlaburugi *tailan *iliburugi *sufin *won

迸	癸	盀	甲	......	7字	久	......	豕	奇	老
兹	屯	朝	哈					巴	弦	別
奧	敦	敦	合					을	取하다	

*autun *cauha *ba *gaibi

五	卓	盀	杰	夫	其	老	甬	立	弅	豕	未	坒	夬	炙
町干	朶	夫	扎	素	靽	其	別	革	思	阿	煋	巴	甲	敦	和	剃
猛安	에	太戶二로	喊	叫	하다	多	牟	之		敦化하다					

ua*mingan*do *sija *surekibi *geen *ania*ba *giabhuara

	朱	枝	芭	甬	舟	朿	受	戈	叅	吏	半	寿
黑	千	必	師	盃	的	子	卜	卓	幹	千	虎	剃	苹
	千	必	師 (4)	盃	的	子 (5)	孛	术	魯	千	虎	剃	革	(4)

*uhe *cenbiši *dadiši *bujoro *cenhuluge

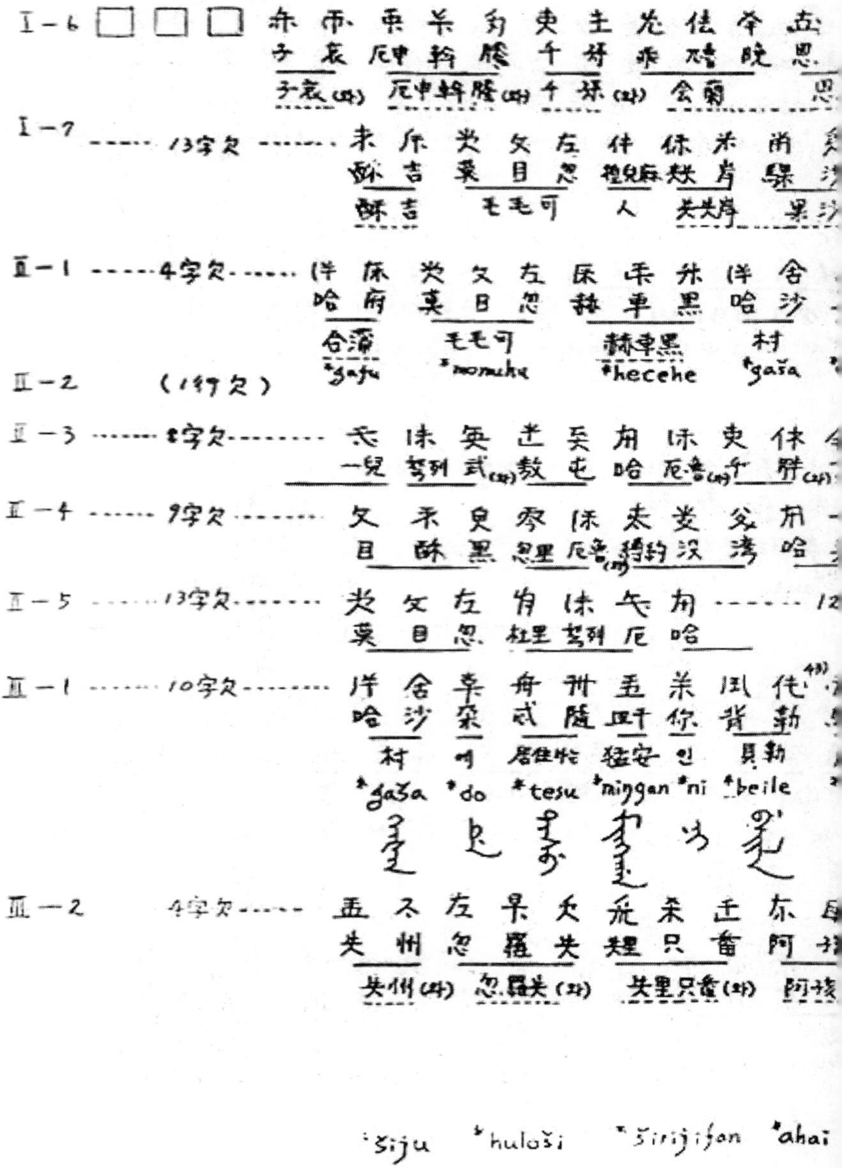

I-6 □ □ □ 亦 市 � 羊 匀 夷 主 先 佳 令 击
　　　　子 衣 厄 申 幹 隆 千 婼 乘 焙 晚 恩
　　　　子衣(라) 厄申幹隆(개) 千婼(가) 会爾 　　恩

I-7 ----- 13字欠 ------ 求 斤 苂 夂 左 仵 休 米 肖 　
　　　　　　　　　　　酥 吉 苿 目 忍 指兒麻 秋 肯 縲 沙
　　　　　　　　　　　酥吉 毛毛可 人 关关厚 果沙

II-1 ----- 4字欠 ----- 伴 床 苂 夂 左 医 禾 升 伴 合
　　　　　　　　　　哈 府 苿 目 忍 赫 車 黑 哈 沙
　　　　　　　　　　合源 　毛毛可 　赫車黑 　村
　　　　　　　　　　*gafu 　*momuhe 　*hecehe 　*gaša

II-2 　(14字欠)

II-3 ------ 8字欠 ------ 兵 床 奚 㫄 至 用 床 夷 休 合
　　　　　　　　　　　　一兒 驾列式(와) 敖 屯 哈 厄善(아)介 踭(쳐)

II-4 ------ 9字欠 ------ 夂 禾 臭 麥 床 末 妥 父 用 一
　　　　　　　　　　　目 酥 黑 恩里 厄善 鞝約 沒 湾 哈

II-5 ------ 13字欠 ------ 苂 夂 左 肖 床 气 用 ----- 12
　　　　　　　　　　　苿 目 忍 杜里 驾列 厄 哈

III-1 ------ 10字欠 ------ 伴 合 幸 毎 卅 壬 羊 凩 伇(49)
　　　　　　　　　　　　哈 沙 桼 式 隨 旷 你 背 勒
　　　　　　　　　　　　村 　에 　居惟伦 　猛安 인 　貝勒
　　　　　　　　　　　　*gaša 　*do 　*tesu 　*ningan 　*ni 　*beile

III-2 　4字欠 ----- 盂 仌 左 杲 夂 㠪 朱 壬 东 目
　　　　　　　　　　失 州 忍 羅 失 粿里 只 奋 阿 核
　　　　　　　　　　失州(라) 　忍羅失(가) 　失里只奋(라) 　阿核

　　　　　　　　　　*šiju 　*huloši 　*širijifan 　*ahai

角 爪 夹 反 光 岜 东 屑 反 侖 角 爪 舟 孟 反
的 痕 兀 奴 又 字 府 賢 奴 温 的 痕 庫 夹 奴
温迪字　兀奴 (야)　賴字　 弗賊奴 (자)　温迪字　苦夹奴

-- 9字欠 ------

辻 矣 桂 係 炎 休 灰 失 栄 欠 麦 宓 芣[41] 雨[42]
敦 毛 厄一 厄晋 ── 安朁 剌 卜晋 朶 目 戌 卜 黒 呑
　男 敦　　麦 厄 喜 (버)　倚 (도)　　金 製　　王　　完 戌 이빈　　看 돋 (여다)
*autun　*eielu　*bur　*ancunlahwu *do　*mutebuhe　　*da
　　　　　　　　　　　　　　　　　　　　　　　　　　ᡝ

------- /2字欠 ------

------- //字欠 ------

...

雨 休 半 克 邪[44] 崇 旈 休 伎 羊[45]
荅 胖 你 阿 犀 玐 朶 哥 左　　 厄
千荅胖 의　兄弟　ay　　　强講하여 (?)
endaban *ni *ahun-dou. *do * gejuree (?)

肖 癸 玉 半 風 列 余 平 为 音 岜 (麦 仄 禿 奇 老
喉 湾 皿 忡 你 背 因 王 勒 衛 滅 師 撒 奴 巴 該 別
和囯 猛安 의　貝子 王素勒衛 (과) 滅師撒奴 들 여다

*hodon *minggan *ni *boin　*waŋsureui　*miasanu　*ba *gaibi

II-3 □ □ 倈 米 2为 灰 休 主 五 氕 余 夭 又 臭 羋 戌
*halan *won *josun *mingan *seui *nomuhe *uro

II-4 □ 呆 臭 羋 玫 羋 夾 倈 卓 為 克 更 叏 庄 叓 甬
*wehe *du *foonhuru *dala *usuei *bicibal *cenda

II-5 □ 寺 氐 衤 夫 你 屄 父 夯 五 蓳 甼 冇 米 币 北
*joeringi *be *dondiluma *geen *jaha *saian *ai

II-6 夭 攵 左 仆 屯 委 叏 伴 合 卓 冊 ⼗ 夬 芰 炙 吴
*monchu *nialma *janguci *gasa *do *tesu *foyomon *tu

IV-1 兎 朵 夬 芰 炙 刋 乔 炙 夭 卓 米 乔 巴 金 夨 攵 毛
*siriji *foyomon *binsi *bur *tailan *ba *wayma *mut

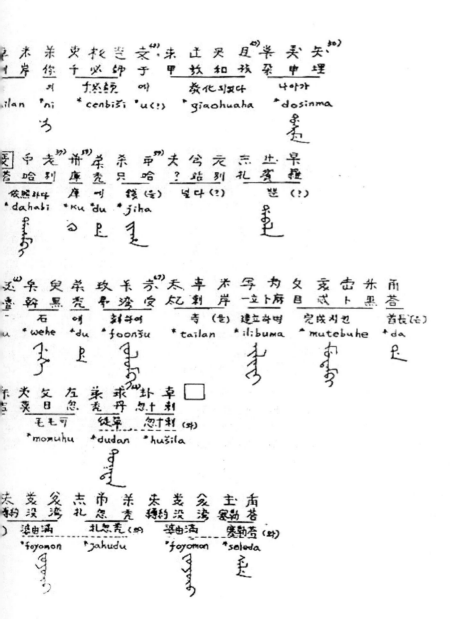

Ⅳ-2 闬 剕 夫 夊 癸 夬 乇 佘 夫 癸 癸 甪 伋 夊 夫 癸
背 因 縛約 莫 湾 順 巴 王 縛約 莫 湾 果 端的 奴 縛約 莫
貝孑 婆由滿 順巴王 (와) 婆由滿 槧端的奴 (와) 婆由滿
*bein *foyomon *šunbawaŋ *foyomon *gedondinu *foyo

Ⅳ-3 □ 尽 呑 戎 癸 禾 岃 攵 左 兂 杀 卦 令 甶 派 易
舒 斡 氼臺 湾 酥 莫 目 恩 斝里 只 忽十 的 琐
? 㐌弄苹 毛毛可 斝里只 忽十(와) 温迪罕 琐
? *uronsu *momuhu *širiji *huši *undihen *s

Ⅳ-4 件 芜 尽 苹 夊 甬 血 叐 杀 申 呑 卦 益 床 刌 赤
揑兒麻 罕 魯 兒 古 荅 住 温 斤 哈 斡 忽十 戒 荅列 也 阿剌
人(른) 罕魯兒 古荅(와) 仲慶 (과) 哈斡 忽十(쟈) 戒荅列也 (과) 阿
*nialma *hanlur *guda *juŋgin *hawe *huši *tenurye *a

Ⅳ-5 □ □ 癸 乑 丷 月 之 十 日 抹 刌 拼 玊 仹 床 岃
阿巬 阿捏 納丹 必阿 偯林 寧住 一能吉 瓦一 也 庫 皿干 哈府 莫
元 年 七 月 廿 六 日 愛也窟 猛安 金蒲 毛
*ajir *aŋia *nadan *bia *orin *niŋgu *ineŋgi *eyeku *miŋgan *gafu *mo

夾 攴 夋 朱 兂 伇 夾 攴 夋 志 乓 釆
縛約 莫 湾 左 乖 桑 縛約 莫 湾 扎 洪 甲
(과) 婆由満　　　左戈桑 (과)　　婆由満　　扎洪甲 (과)
　*foyomon　　*jogosaŋ　　　*foyomon　　*jahuŋgia

達 迪 禹 侖 甬 乑 攴 反 使 米 肙 且 [20)]
釆 或 該 　 的 　 莫 奴 哈剌 岸 魯 孩
桑或該 (와)　溫迪罕　　莫奴 (와)　改修함
*saŋtegai　*undihen　*monu　　　*halanluha

匇 九 伇 羊 达 甬 血 臾 肖 天 向 东 朴 米
勒付 兀也溫 兀魯 晚 数 的 住 黑 忽 嘉魯 該 帝 下 岸
勒付 兀也溫(와) 兀魯湾　数的(와)　求虎　　忽素魯該(와)　蒲鮮 (이다).
*lefu *uyeun *ulun *aodi　*juhe　*husurugai　*fuhian

卦 吞 血 秀 乑 攵 光 攵 左 仟 夾 攴 夋 釆 赤 [21)]
忽忖 滅 住 忽里 煋 厄 美 目 忽 捏兒麻 縛約 莫 湾 阿剌兵塞里
忽忖(와) 滅住忽里(와) 煋里厄　毛毛可　人　　婆由満 (이) 告知하다(?)
awe *huši *miejuhuri　*širie　*momuhu　*nialma *foyomon　*alawaseri.

Roma字形은 漢字音과 滿洲語 等을 參照해서 筆者가 만든 女眞語 再構音으로서 貧弱한 女眞語 語彙目錄의 追加에 相當한 寄與가 될 것이다. 이 女眞語 表記는 滿洲文語와의 關係를 考慮하여 Möllendorff式 表記法을 쓰기로 한다. 이런 態度는 女眞語의 音素目錄이 原則的으로 滿洲文語와 同一한 것임을 前提로 하는 것이지만 그 音素排列方法이 全同하지 않음은 勿論이다. 例컨대 滿洲文語에는 없는 /di/, /wo/, / ši/ 等의 音素 結合이 女眞語에서는 可能한 것이다.[15] 그 아래에 있는 滿洲字는 對應된다고 믿어지는 滿洲語詞 表記로서 女眞字 解讀과 女眞語形에 決定的 役割을 한 것들이다.

5. 註譯

註譯에서의 女眞字 表記는 印刷上의 難點이 있으므로 다음과 같이 該當音 表記의 漢字를 [ ] 內에 넣어(또는 筆者 再構의 Roma字로) 나타낸다. 卽 [南·舍·烟·卜·州] [必·忒黑·賜]와 같은 方法으로 女眞字를 代身하는데, [ ] 內의 漢字들 사이의 · 은 女眞字들 間의 境界를 表示한다.

1) [南·舍·烟·卜·州] * nanšenbuju
南贍部洲의 譯音. 南贍部洲는 人間이 사는 4大陸(4洲) 中에서 須彌山南쪽에 位置하는 大陸으로 흔히 東亞地域을 指稱한다. 韓國·中國·日

本의 佛教關係 金石文에서 國名 앞에 이 말을 冠形하는 일이 흔히 있는
데 韓國의 例를 들면 江華島 景禪寺 金鼓銘이나 浮石寺 金銅觀音 鑄成
記(日本 對馬 觀音寺 所藏)에 "南瞻部州 高麗國 云云"이 있다.

2) [安班 · 岸] * anban

滿洲語 amba에 對應된다. [安班]만으로 *anban을 表音하지만 女眞語
에서는 이렇게 [岸]을 덧붙여 末音을 添記하는 일이 많다. 最近, [安班]
에 該當하는 表意者를 大字, [岸]에 該當하는 表音字를 小字라고 한다
는 見解가 主張되고 있다(劉最長 1979 및 金啓琮 1979 參照).

Ne.[16] amban, Oc. amba, Ud. amba, Ul. amba(n), Ok. amba(n), Na.
ambã, Ma. amba, 蒙古文語 amban '大, 惡魔'(以上 Cincius 1975 : 36f.)
인 것으로 보아 女眞語도 *amban일 可能性이 있다. 그러나 表音漢字가
[安]이므로 *anban으로 再構하는 것이다.

3) [安春 · 溫] * ancun

[溫]도 末音添記字에 該當된다. 滿洲語로는 '金'을 aisin이라 하고
ancun은 '耳環'의 뜻으로 轉義되었다. 勿論 여기서는 國名이다.

4) [國倫 · 溫] gurun

이 [溫]도 末音添記字이다. 滿洲語 gurun '國'과 完全히 一致한다.

5) [合刺 · 岸 · 斡 · 安] *halan won

---

16) Tungus 諸語의 略稱은 金東昭(1981)에 依함

이 語詞는 女眞進士題名碑에 나오는 地名으로 金代의 合懶路 또는 曷懶路에 該當한다. 商務印書舘의《中國古今地名大辭典》(1931年 香港刊)에는 曷懶路를 다음과 같이 說明하고 있다.

"金置. 亦作合懶路. 淸一統志改爲海蘭路. 云在渾春東南. 按金置曷懶路. 治今朝鮮咸鏡北道之鏡城.. 北自圖們江. 南至高麗之定州(今咸鏡南道之定平)皆其轄地."

[斡·安] *won이란 말은《譯語》[17]에 보이지 않지만 滿洲語 on '道, 路, 路程, 距離'에 對應될 만하다. 이 語詞는 이 慶源碑와 女眞進士題名碑에만 나타나는데, '路'라는 金代의 行政區域은 現代 韓國의 道나 中國의 省의 槪念이다.

6) [左·孫·必·寒] *josun bihan.

左孫 tsòsūn은 地名인데 女眞音으로는 *josun으로 實現되었으리라 본다. 이런 地名은 金代文獻에 보이지 않지만 前後 文脈과 女眞文字로 推測하여 이렇게 읽기로 한다. 金光平(1980 : 339f.)은 이를 [左·申]으로 읽고 肅愼 또는 朱申과 關係를 맺고자 했으나 지나친 飛躍이다. [必·寒] *bihan은 滿洲語 bigan, bihan, Udehe語 biga, Nanay語 bihã '野'와 잘 對應된다(cf. Cincius 1975 : 81).

7) [皿干] *miŋgan

*miŋgan의 原義는 '千'으로서 Ev. miŋan, So. miŋã, miŋá, ḿáŋgań, Ne. miŋgan, Oc. miŋga(n), Ud. miŋga(n), Ul. miŋɣa(n), Ok. miŋɣa(n),

---

Na. miŋra, Ma. miŋga(n), 蒙古文語 mingɤan, Mongo語 ḿanga(n),
Buriat語 ḿanga(n), 古代 Turkic語 biŋ, miŋ 等과 잘 對應된다(Cincius
1975 : 537).《金史》卷44 兵志에 "部卒之數 初無定制 至太祖卽位之二
年 旣以二千五百破耶律謝十 始命以三百戶爲謀克 謀克十爲猛安"이라
는 말과 "猛安者 千夫長也"라는 말이 있는 것으로 보아 *miŋgan이라는
女眞語는 '千→千戶, 千夫長'으로 轉義된 것임을 알 수 있다.《譯語》에는
千은 [皿干]으로 되어 있으나 千戶는 漢字音 그대로 [千·戶]로 表記하
고 있다. 그러나 [皿干]은 이 慶源碑 외에도 陝西省 西安 發現의 女眞文
書, 女眞進士題名碑 等에 猛安(千戶)의 意味로 多數 登場한다.

8) [舍·委·莫·目·忽] * šeui momuhu

앞의 * šeui는 地名으로 본다. *momuhu는 南宋 徐夢莘의《三朝北盟會
編》(1194年刊) 券3에 나오는 毛毛可와 音이 가까운데, 前引《金史》兵
志에 나오는 謀克의 別稱이다. *momuhu는 女眞文書와 金石文에 [謀·
木·革], [謀·木·黑], [謀·木·克], [莫·目·忽] 等으로 表記되지만
官名 '百夫長·百戶'라는 것 外에 그 原義를 알 수 없다.

9) [根·卜·古·哈·沙] *genbugu gaša

genbugu는 地名이지만 原義는 滿洲語 geo buhū '牝鹿'으로 推定된
다. 勿論 滿洲語에는 jolo '牝鹿, 母鹿'이라는 말이 따로 있지만 이는 jolo
bubū의 慣用的 表現일 뿐이다. 滿洲語 geo는 Evenki語 gēr, gōr, gōn,
gəjən, gək, Solon語 gōr, 蒙古文語 gegün, gegüü, Mongol語 güü(n),
Buriat語 güü(n) 등과 對應되므로(Cincius 1975 : 145) 女眞語 *gen의 再

構는 近理하다고 본다.[18]

滿洲語 bugu, buho, buhu는 Ev. buᴦu, buᴦ, buᴦə, So. boᴦo, Ne. bočan, Oc. buča(n), Ul. boča(n), Na. bočā, 蒙古文語 buᴦu, Mongol語 buga, Buriat語 buga 等에 對應된다(Cincius 1975 : 101f.).

*gaša는 漢字音이 [哈沙]이므로 *haša로 再構해야 할 것이지만 Ne. gasin, Oc. gasa, gassa, Ul. ᴦasa(n), Ok. ᴦasa, ᴦassa, Na. ᴦaśā, Ma. gašan, 蒙古文語 ᴦačaᴦa, ᴦačixa, Mongol語 gacaa(n), '村里'(Cincius 1975 : 143)에 對應되므로 頭音을 *g로 잡는 것이다.[19]

여기까지의 碑文(Ⅰ -1)은 "南瞻部州 大金國 合懶路 左孫野猛安 舍衛 謀克 根卜古村"이라는 뜻이 된다. 이와 같이 '大金國 某路 某(野‧河‧山)猛安 某謀克 某村'式의 表現은《金史》에서 慣用的이었다.

10) [朵] *do

女眞語의 處所格助詞는 滿洲語와 달리 [朵]*do/[禿] *du의 兩種이 있 었다. 이들은 母音調和 規則에 따라 嚴格히 區別 使用되었는데 本 慶源 碑에서 보면 *gaša-do '村에서', *ahun-dou-do '兄弟에', *wehe-du '岩 石에', *ku-du '庫에' 等을 들 수 있다. 이 格助詞는 Ev. -dū, Ne. La. Oc. Ud. -du, Na. -du/-doa, Ma. -de, Buriat - da, Mongol - du/-dur에 對應 된다(cf. Vasilevič 1958 : 754).

---

18) 《譯語》에 [騍‧母‧林] '騍馬'가 따로 나오지만 이것은 漢字語이므로 考慮할 必要가 없다.

19) 이와 같이 明代 北京音의 聲母가 h인데 Tungus 諸語의 g에 對應되는 女眞音이 많이 있다. 《譯語》에 나오는 h聲母字의 再檢討가 있어야 할 것이다.

11) [半的 · 魯 · 卜] *bandiburu(?)

語幹 *bandi-는《譯語》에도 登載되어 있는데, 滿洲語 banji-의 古形임에 틀림없다. Ev. baldi-, So. baldi-, La. baldo-, Ne. baldi-, Oc. bāgdi-, Ud. bagdi-, Ul. baldi-, Ok. balʒi-, Na. balʒi-, Ma. banji-, 錫伯語 bani-에 對應된다.(Cinicius 1975 : 69f.).

[魯] *-lu는《譯語》에 語尾로 많이 나타나지만, [卜] *-bu는 語尾로 쓰이는 法이 없다. 오히려 女眞語의 形動詞化接尾辭 [卜魯]의 倒置가 아닌가 한다. 接尾辭 [卜魯]의 例로는 [阿赤 · 卜魯] '聖', [木 · 忒 · 卜魯] '作成', [頭 · 牙 · 卜魯] '傳.', [斡 · 失 · 卜魯] '陞', [召 · 卜魯] '思念的', [安春 · 刺 · 卜魯] '金製' 等 數없이 많다.

12) [縛約 · 沒 · 灣 · 目 · 塔 · 魯] *foyomon mutalu

[縛約 · 沒 · 灣] *foyomon은 女眞族에 아주 흔한 姓으로《金史》에는 裵滿으로 表記되어 있다. 滿洲語 foyoro '李子(果名)'와 關係있는 것 같기 때문에 漢姓 李氏를 女眞語式으로 飜譯한 것으로 생각되지만《金史》末尾의 國語解에는 "蒲察曰李", "裵滿曰麻"로 되어 있으므로 *foyomon과 李姓의 關係를 明確히 說明하기 어렵다.《三朝北盟會編》에는 婆由滿으로 나오는데 女眞原音과 가깝다고 보아 筆者도 이렇게 表記한다. *mutalu는 慶源碑에만 但一回 나오는데 文脈上 人名임이 分明하다. 이 慶源碑 立碑의 動機가 되는 吾弄草寺 建立과 金佛製作에 가장 功이 컸던 佛敎徒 中의 1人이었던 듯하다.

13) [千 · 必 · 師] *cenbiši

人名임은 分明하나 千氏姓을 가진 中國人인지, 女眞名인지 不確實하다.

14) [必忒黑 · 賜] *bitehesi

滿洲語 bithesi '筆帖式'에 對應된다고 본다. 筆帖式은 淸代 部院의 書記로서 우리나라의 胥吏階級에 가깝다. 金代에 이런 官制가 있었다는 記錄은 없지만 奴兒干都司寧寺碑에 이 말이 나올 뿐 아니라 *bitehe '文, 書, 文字'란 女眞語가 있었으므로 '書師, 文士'의 뜻인 *bitehesi의 成立이 不可能한 것은 아니다. *bitehe는 Ev. biťik, bičik, So. bitig, bitəg, bitéxe, bitxe, Ne. bitəxə, bitxə, bituxə, Oc. bitixə, bitxə, bitixə, Ul. bitxə, Ok. bičixə, Na. bičxə, bitxə, Ma. bithe, 蒙古文語 bičig, Mongol語 bičig, Buriat語 bəšəg '文, 書, 册, 紙'에 對應된다(Cincius 1975 : 86).

15) [斡 · 恩 · 奴] *wennu

文奴라는 人名의 譯音으로 본다. 이 사람의 官名(或은 冠名) 筆帖式(=文士)과 文氏姓이 썩 잘 어울리는데 漢人名일 可能性이 크다.

16) [(佛)] *bur

이에 該當되는 女眞字는《譯語》에는 보이지 않고 金石文에만 數回 登場한다. 이 女眞字의 讀音을 알기 爲해 亞細亞 地域에 分布되어 있는 '佛'을 뜻하는 말을 調査해 보니 다음과 같았다.[20]

bur-χan(uig.Gab.)	burhāṃ(uig.br.)
burkan(čag.kzk.)	burʁan (soj.)
burkat(čag.osm.)	burqan(mo.)
burkān(Ev.)	bůrkā(So.)
purχan(mtü.)	pyrkan(oir.)

---

20) Räsänen(1969 : 89) 및 Cincius(1975 : 113) 參照. 言語名 略號도 該書를 參照할 것.

buddha(Sanskr.)　　　　　　buddha(Pali)

fucihi(滿洲語.)　　　　　　　putʰyə(中世韓國語)

butsu, buti, *putu(日本語)　　*bɪuət, *fu(中國語)

分布範圍로 보거나 Tungus系 言語로 보아서 女眞語에서도 burkan(또는 burhan)일 可能性이 아주 크다. 그런데 金光平(1980 : 341f.)은 이 語詞 뒤에 오는 所有格助詞가 *-ni가 아니고 *-i임을 보고 滿洲語를 따라 *futʃiçi로 再構했지만, 滿洲語形 fucihi는《中原音韻》(元代)²¹⁾ 以後의 中國語借用語일 可能性이 크므로 金代 女眞語의 이 語詞에 *fu- 音이 들어 있을 수가 없다.

burkan은 bur '佛' + kan '帝'의 複合語인 만큼 여기서는 于先 *bur로 再構해 두고 後攷를 期約한다.

17) [以] *i

이 女眞字는《譯語》에도 碑文에도 자주 登場하는 所有格助詞다. 先行 名詞의 末音이 -n, -ŋ이면 [你] *-ni가 오고²²⁾ 그 밖의 境遇 [以] *i가 온다.

18) [背也] *beye

거의 모든 Tungus語와 蒙古語 方言에 나타나는 語詞다. Ev. bəjə, So. bəi, bəjə, bojé, La. bəj, böj, Ne. bəjə, Oc. bəjə, Ud. bəjə, Ul. bəjə(n), Ok. bəjə, Na. bəjə, Ma. beye, 蒙古文語 beje(n), Mongol語 bie, Buriat語 bəe,

---

21) 이 時代에 와서 漢字 '佛'의 聲母가 *b-에서 *f-로 變化하였다.

22) 그러나 드물게 母音 뒤에 [你] *-ni가 오는 일도 있다.

Yakut語 bäjä '身, 體, 人'(Cincius 1975 : 122f.).

19) [伯] *be

女眞語의 目的格助詞는 [伯] *be, [巴] *ba의 2가지가 있다. 本 慶源碑
에서의 例는 *beye-be, *joeringi-be, *miasanu-ba, *tiktan-ba, *tailan-ba
等으로, 徹底한 母音調和 原則을 따르고 있다. Ev. -ba, -bə, -bo, -wa,
-wə, -wo, Ne. -ba, -wa, La. -ba, -bu, -w(u), Ud. -wa, -bu, Oc. Ul.
-ba, -wo, Na. -ba, -wo, Ma. -be, -mbe와 對應된다(Vasilevič 1958 :
744-6).

20) [安春 · 剌 · 卜魯 · 吉] *ancunlaburugi

*ancun '金'이라는 名詞에 動詞化 接尾辭 *-la-가 붙어 動詞語幹을 形
成하고 여기 다시 現在動名詞語尾 *-buru-와 造格助詞 *gi가 接尾된 派
生形이다. 따라서 正確한 韓國語譯은 '金으로 만듦으로써, 鍍金함으로
써'이다.《譯語》에 [安春 · 溫 · 剌 · 孩] *ancunlaha '織金'(過去動名詞
形)이라는 말이 나온다.

21) [太乙 · 剌 · 岸] *tailan

《譯語》에 [太乙 · 剌] '寺'란 말이 나오지만 對應될 만한 Tungus 語詞
가 없다. 漢字音에 充實하도록 *tailan으로 再構한다.[23] 中世韓國語 t'ər,
日本語 tera '寺'와 有關한 듯하다.

---

[23] Kiyose 1977 : 108, 金光平 1980 : 342, 金啓悰 1984b : 5 等에는 *taira(n)으로 되어
있지만 [剌]가 ra로 읽힐 根據가 없다. 오히려 山路 廣明 1956 : 20 *taila가 더 漢字音
에 忠實한 것이다.

22) [一立 · 卜魯 · 吉] *iliburugi

語幹 *ili-는 Ev. il-, el-, So. il-, il'-, La. il-, äl-, el-, Ne. il-, Oc. ili-, Ud. ili-, iligi-, Ui. ili-, Ok. ili-, illi-, Na. ili-, iliɤo-, Ma. ili-'立'(Cincius 1975 : 302f.)에 對應된다. *-burugi에 關해서는 前述 *ancunlaburugi를 볼 것. Tungus語에는 動詞의 並列形語尾가 없으므로 *bur-i beye-be ancunlaburugi tailan iliburugi의 韓國語譯은 "佛身을 金으로 만들고 寺院을 建立함으로써"가 된다.

23) [素 · 分 · 幹安] *sufin won

金代 行政區域인 愁濱路의 譯語로 본다. 愁濱路는 恤品路 · 率賓路 · 速頻路 · 速平路 等의 異稱을 갖고 있는데 現在 吉林省의 寧安 · 琿春 一帶이다.[24)]

24) [皿干] *miŋgan

第I面 第3行의 이 글자 앞에 缺字가 있다. 따라서 이 猛安의 이름은 알 수 없으나 多幸히 第IV面의 第5行에 "愛山窟 猛安 合蒲 毛毛可人"이란 말이 나오므로 猛安 앞에 愛也窟을 나타내는 [厄一 · 也 · 庫] 3字가 磨滅되었으리라 推定할 수 있다. 그러나 이 行 맨 처음의 餘白으로 보아 3字씩 들어갈 수 없다는 생각도 든다. 決定을 留保한다.

---

24) 《新增東國輿地勝覽》 卷之五十 慶原都護府 山川條에는 愁濱江이 나오는데 이에 關한 說明은 다음과 같다.
　"源出白頭山 北流爲蘇下江 一作速平江 歷公嶮鎭先春嶺至巨陽 東流一百二十里 至阿敏入于海."

25) [哈·府·莫·目·忽] *gafu momuhu

合蒲(地名) 謀克의 譯語로 推定된다. 合蒲는 山東省 蒲臺縣에 있었다.

26) [捏兒麻] *nialma

《譯語》에 나오는 이 語詞는 滿洲語 niyalma '人'의 全身이다. 女眞語에서는 glide 'y'가 發生한 흔적이 없다.

以下 特別한 境遇 以外에는 固有名詞의 注釋을 省略한다.

27) [忒·隨] *tesu

*te-는 滿洲語 te- '住, 坐'에 對應된다. *-su는 《譯語》와 碑文에 가끔 보이는 接尾辭인데 그 機能은 明確치 않으나 冠形化인 것으로 推定된다. 滿洲語에서는 tesu ba '原住地, 本地'처럼 이 接尾辭 -su가 化石化하여 버렸다.

28) [酥·甲] *sugia

이 語詞는 어떤 官職名의 譯音인 듯하다.

29) [敖·屯] *autun

《金史》에 자주 登場하는 女眞姓이다. 奧敦 或은 奧屯으로 表記되는데 《金史 國語解》에는 "奧屯曰曹"라는 말이 나온다.

30) [該·別] *gaibi

滿洲語 gaimbi '取, 得'(敍述形)에 잘 對應된다. 이 行 後段部에 7字 程

度의 磨損이 있는데 文脈上 '多大한 協助를 得하다'라는 말이 들어가면 近理할 듯하다. 그렇다면 Ⅰ-2 後段의 "*bur-i beye-be ancunlaburugi tailan iliburugi"는 '佛身을 金製하고 寺院을 建立함에'로 飜譯됨직 하다.

31) [厄塞 · 撾 · 皿干] *ese jua miŋgan

滿洲語 ese juwa miŋgan '此 十 猛安'에 그대로 一致된다. 이 앞의 7單語들(O丹, 左孫, 愛也窟, 愁濱, 斡合, 吐萬, 兀魯荅溫)은 모두 地名으로서 十猛安의 이름이다.

32) [失 · 扎] *sija

滿洲語 sicambi '震耳'와 有關할 듯하다. '크게, 大聲으로'로 飜譯해 둔다.

33) [素勤 · 其 · 別] *surekibi

이 語詞는 滿洲語 sure-, 蒙古文語 sürkire-, Mongol語 sürxrə, Buriat 語 hüüxir, hüxir- '大叫, 喊叫'에 對應된다(Cincius 1977 : 131).

34) [革 · 恩] *geen

Ne. gərən, Oc. gərə(n), Ud. gələ, Ul. gərə(n), Ok. gərə(n), Na. gərə(n), Ma. geren '多, 大'와 比較될 수 있을 것이다.(Cincius 1975 : 182). 語中 r 이 女眞語詞에서 나타나지 않음은 特異하지만, 이 語詞 [革 · 恩] '衆'은 東洋文庫本《譯語》에 登載되어 있다.

35) [阿 · 捏] *ania

滿洲語 aniya '年'과 一致한다. 따라서 [革 · 恩 · 阿捏]*geen ania는
'多年, 衆年'의 뜻이다. 時間 · 場所를 나타내는 副詞的 名詞 뒤에 目的
格助詞 *-be/-ba가 오는 일이 奇異하게 보이지만 이런 일은 Altai 諸
語에서 非一非再이다. 例컨대 Lamut語에서 noŋartan uməm anŋan-u
　　　　　　　　　　　　　　　　　　　　그들은　　1　　年　을

gurgōwciritən라든가 滿洲語에서 jugun-be geneme 等等을 들 수 있다.
　일했다　　　　　　　　　　　　길　　을　가서

36) [甲 · 傲 · 和 · 剌] *giaohuara

*giaohua는 漢字語 '敎化'의 音譯으로 본다. *-ra는 現在終止形(男性
語尾)이지만 Altai諸語에서는 竝列語尾가 없으므로 이 文脈에서는 竝
列의 뜻으로 使用된 듯하다. 따라서 Ⅰ-4의 後半은 *ese jua miŋgan-do,
　　　　　　　　　　　　　　　　　　　　이 10　猛安-에게

sija surekibi geen ania-ba giaohuara의 連結이 된다.
大聲으로 喊叫하고 多 年 을　敎化하고

37) [替 · 孩 · 哈 · 埋] *tihagama

처음의 2字가 不明하나 Oc. čixala-, Ud. čāla-, čāhala-, čehæla-, Ul.
tixala-, čexa, Na. čixańə, čixa, čixala-, čixani, čixanen, Ma. ciha, cihala-,
cihan, cihangga '贊同, 同意, 好, 希'(Cincius 1977 : 390f.)의 單語群을 보
고 再構한 것이다. 第3字인 [哈] *-ga-의 意味가 確實하지 않다. [埋]
*-ma는 [昧] *-me의 異形態로서 副動詞 語尾이다.[25]

38) [車 · 厄林] *cerin

---

25) 母音調和法則에 따라 區別 使用되던 이 *-ma/*-me는 滿洲語에 와서 統合되었다.

滿洲語 ceri '絹, 羅'에 對應될 듯하다.

39) [一立·卜麻] *ilibuma

語幹 *ili-는 前述(Ⅰ-2의 22), *-buma는 動詞語尾로 《譯語》와 碑文 到處에 나타나지만 正確한 機能은 未詳이다. *-me와 함께 副動詞語尾 로 쓰였던 듯하다.

40) [目·忒·卜·黑] *mutebuhe

[目·忒] *mute-는 《譯語》에 [木·忒·卜魯] *muteburu '作成'이라 는 形態로 登場하고, '成, 完成'이라는 意味로 여러 碑文에 나타난다. 滿 洲語에도 mutebu- '能成', mute- '能事', mutu- '長, 成長' 等이 남아있다. *buhe는 過去終止形語尾이다.

以下 第Ⅰ面 第7行 끝까지는 人名의 羅列인데 이 人名들에 對한 述 語 部分이 缺失되어 있어서(Ⅰ-7에 나올 것 같다) 이들의 業蹟을 알 수 없음이 遺憾이다. 이 中 《金史》等 文獻에 登場하는 女眞 姓氏는 다음과 같다.

"孛朮魯曰魯"《金史 百官一》

"孛朮魯, 金泰和年間女眞姓氏, 望屬廣平"《元史 孛朮魯翀傳》

"白號姓中有會蘭氏"《金史 百官一》

"溫迪孛曰溫"《金史 國語解》

綴孛·失失岸 2姓은 未詳이다.

41) [目 · 忒 · 卜 · 黑] *mutebuhe

前項과 同一한 形態이지만 여기서는 過去冠形詞이다.

42) [荅] *da

滿洲語 da '首領, 首長'에 對應된다. Ⅱ-1이 이 名詞로서 끝나고 이어
Ⅱ-2는 完全 磨滅되어 判讀 不能狀態이므로 이 文章의 文脈을 알 수 없
다. 그러나 Ⅱ-1이 一但 完成된 文章으로 終結된다면 "合蒲謀克 赫車黑
村에 사는 奧敦 愛厄魯가 佛을 金製로 完成시킨 首長이다"로 飜譯되므로
이 寺院의 金佛像을 만든 代表者의 이름이 奧敦 愛厄魯라는 말이 된다.

以下 第Ⅱ면의 磨滅이 甚하여 解讀이 거의 不可能하고, 部分的으로
解讀할 수 있는 文字들도 모두 人名인 것으로 믿어진다.

43) [背 · 勒] *beile

이 語詞는 《譯語》에 [必忒黑 · 背 · 勒] *bitehe beile '文官'이라는 複
合語形으로 나온다. 滿洲語 beile '貝勒(官爵名)에' 對應된다. Ⅱ-2의
[背 · 因] *bein '貝子'도 同類의 官爵名으로 보인다.

44) [阿渾 · 斗兀] *ahun-dou

滿洲語 ahūn deo '兄弟'에 對應된다. 그렇다면 磨厄寧과 千荅胖은 兄
弟가 된다.

45) [哥 · 左 · ? · 厄] *gejuree(?)

만주어 gejure- '强請, 强求'에 對應시켜 보았다. 그러나 次行 初端이
磨滅되어 正確한 文脈을 把握할 수 없다.

46) [左·孫·皿干] *josun miŋgan

Ⅰ-1에는 *josun bihan miŋgan '左孫 野 猛安'으로 나오지만 同一名이다. 例컨대《金史》所載의 "納鄰 猛安", "納鄰 河 猛安", "納鄰 必刺 猛安"이 同一名임과 같다.[26]

47) [斡·兀魯·灣·酥] *uronsu

本 慶源碑 속에 나오는 唯一한 寺院名이다.《新增東國輿地勝覽》卷之五十 慶源都護府條에 吾弄草川, 吾弄草堡等의 名稱이 나오고 前述《北路紀略》卷之二 州郡誌 慶源 山川條에도 吾弄川, 五龍川 等의 地名이 나오는데 本 女眞字는 바로 이 吾弄草를 音譯한 것으로 믿어진다.[27] 따라서 뒤의 [太乙·刺·岸] *tailan '寺'와 合하여 吾弄草寺라는 寺院名이 形成되는데, 그렇다면 이 寺院은 바로 本 慶源碑가 서 있던 寺院이고, 이 碑文 Ⅰ-2에 銘記된 寺院建立 云云은 바로 이 吾弄草寺가 아닌가 한다. 또한 Ⅰ-2에도 나오는 千必師는 이 寺院 所屬의 僧侶(主持?)名임을 알 수 있다. 吾弄草라는 地名은 뒤(Ⅳ-2)에 또 한번 나온다.

48) [于] *u(?)

이 女眞字는《譯語》에는 보이지 않고 大金得勝陀頌碑, 女眞進士題名碑, 慶源碑 等 金石文에서만 볼 수 있으므로 그 正確한 音을 알 수 없다. 다만《譯語》에 이 女眞字와 恰似한 文字가 있고 그 音이 于 [yù]이므로

---

26) '必刺'는 女眞語로 '河'의 뜻이다.(cf. 滿洲語 bira '河, 川').

27)《北路紀略》에 "府東乾元堡里中有寺洞 洞有石碑"로 되어 있는데《新增東國輿地勝覽》卷五十慶源都護府 乾元堡條를 보면 "在府東四十五里 源出鏡城府柳城洞·會寧府細谷里等處 東流入豆滿江"이라 하였다.

이렇게 想定하는 것이다. 이 語詞는 與格 또는 原因格助詞일 것으로 믿어진다. cf. [他·于·哈·察·卜麻] *ta u hacabuma '그것에 보아(依倣하여)'(大金得勝陀頌碑)

49) [甲·敖·和·孩] *giaohuaha

語幹 *giaohua-는 前述(Ⅰ-4의 36)한 대로 漢字語 教化, [孩] *-ha는 動名詞形語尾. 그러나 餘他 Tungus語처럼 이 動名詞形語尾는 그대로 過去終止形語尾로도 使用된다.[28]

50) [朶·申·埋] *dosinma

이 語詞는 滿洲語 dosi- '進, 進入, 前進'에 對應된다. 여기서는 *dosin-의 副動詞形 *dosinma가 副詞化하여 使用되고 있다.

51) [斡·黑] *wehe

滿洲語 wehe, Tungus諸語의 urə, uwə, uə, wə '石'에 對應된다. 이 語詞 앞의 缺字는 '碑'의 意味를 갖는 것 같다.

52) [弗·灣·卜魯] *foonburu

이 語詞는 Ev. hulɔ-, Na. polkoli-, folkoli-, Ma. folo-, folon '裂, 破, 刻'에 對應된다(Cincius 1977 : 346f.). 語中의 -l-이 보이지 않음은 女眞語의 特異한 現象이지만 同一한 單語族인 滿洲語의 fondo, fondojo-,

---

28) 原則的으로 動名詞形語尾로 쓰이는 女眞字는 [孩], 終止形語尾로 쓰이는 女眞字는 [哈]로서, 서로 區別되었다. 그러나 이 兩字는 서로 轉用되었다.

fondolo- '孔裂, 穿透, 貫通' 等의 語詞로 보아 語中 -1-은 後代 發達形임을 알 수 있다. *foon- '刻'은《譯語》에는 없지만 여러 女眞碑文에 나타난다.

53) [荅·剌] *dala

滿洲語 dagila-는 語中에 -gi-音을 갖고 있지만 蒙古文語 daila-~dajila-, Mongol語 dajla-를 보면 -gi- 音이 後代 發達形처럼 보인다. Poppe(1960 : 61)는 先蒙古語를 dagila-로 보았지만 滿洲語形이 蒙古文語形이나 女眞語形보다 古形을 갖고 있을 可能性은 거의 없다.[29] 이 女眞語形은 語幹만 表記하고 있는데 뒤에 오는 [兀速·委] *usuei의 意味를 把握할 수 없어 解釋을 留保한다. *usuei가 動詞語幹에 連結되는 助動詞일 可能性도 있다.

54) [別·赤·巴勒] *bicibal

《譯語》에 [愛·因·別·赤·巴勒] *ain bicibal '務要', 女眞進士題名碑에 [別·赤] *bici '若有', 大金得勝陀頌碑에 [別·赤·巴勒] *bicibal '然則', 滿洲語에 bici '若有' 等이 있다. 意味는 '然則, 萬若…이라면'으로解釋된다. 文脈上 *usuei bicibal은 '남는다면, 豊足하면'으로 解釋한다면前後가 잘 連結된다.

55) [千·荅] *cenda

---

29) 그러나 女眞語形이나 蒙古文語形이 반드시 滿洲文語形보다 古形이라는 것은 아니다. 女眞語形 *dala가 發達形일 可能性도 排除할 수는 없다.

《譯語》에 [千・忒・昧・團住・剌] *cendeme tonjora '考選'이 있고 碑文에 [千・忒] *cende '考, 考試'란 말이 가끔 나온다. 이 말은 또 滿洲語 cende- '試, 試看, 考'란 말에도 對應된다. '考慮, 度量'의 意味인 듯하나 語尾가 없어 文法的 機能을 正確히 把握하기 힘들다.

56) [替・彈] *tiktan

《譯語》에 [多羅・斡・薄・替・彈・巴] *dorō-bo tiktan-ba[30] '法度'가 있고, 諸碑文에서 [替・塔・忽] *tiktahu '理', [替・彈・荅・剌] *tiktandala '直至於理' 等이 보인다. 滿洲語 ciktan '倫常, 道理'의 前身인 듯하나 Tungus 諸語에서 그 對應形을 찾을 수 없다. 漢字音만을 따르면 *titan으로 再構될 것이지만 漢字音의 不完全한 表記로 보고 滿洲語에 따라 *tiktan으로 再構한다.

57) [塔・哈・別] *dahabi

《譯語》와 碑文에 자주 나오는 이 語詞는 滿洲語 dahame, dahambi와 關聯된다. 그 意味는 '順, 服從, 依照, 隨從' 等이다. 滿洲語의 境遇와 마찬가지로 이 動詞는 目的格助詞를 先行시킨다.

58) [庫] *ku

漢語 借用語이다.

59) [只・哈] *jiha

---

30) 여기 나오는 *-bo와 *-ba는 目的格助詞인 듯하다.

So. ʒagá, ʒiŋá, Ne. ʒaxa, Oc. ʒexa, ʒixa, Ud. ʒehæ, Ul. ʒexa, ʒixa, Ok. ʒaxa, Na. ʒixa, Ma. jiha, 錫伯語 ʒiɤa '錢'에 對應되는 이 女眞語詞는 비록 女眞字形은 달라도《譯語》에 收錄되어 있다.

以下 2語詞는 字形 把握도 不可能하고 意味도 알 수 없다. 이 行은 大略 '碑石에 새겨 完備하다. 남으면 헤아려 制度에 따라 庫에 돈을 넣을 뿐이다'의 뜻으로 推定한다.

60) [拙 · 厄林 · 吉] *joeringi

《譯語》에 [拙 · 厄林 · 昧] *joerinme '報'가 여러 번 나온다. 對應되는 Tungus 語形으로는 Ok. ʒorikkǔ, Na. ʒoriko, Ma. jorin, joringga '照準, 指示, 告示, 報知' 等을 찾을 수 있다(Cincius 1975 : 265). [吉] *gi는 名詞接尾辭로 많이 使用되는데《譯語》에만 [禿 · 吉] '雲', [塞 · 馬 · 吉] '霜', [卜楚 · 禿 · 吉] '霞', [一麻 · 吉] '雪', [塔 · 馬 · 吉] '霧', [伏勒 · 吉] '灰', [瑣 · 吉] '茱', [一 · 門 · 吉] '油' 等 多數 나온다.

61) [端的 · 魯 · 埋] *dondiluma

이 語詞는 Tungus諸語와 蒙古諸語에 고루 分布되어 있는데 對應形을 들면 다음과 같다.

Ev. dōldī-, '聞, 聽' (以下 同)	So. dōdī-, duoľde-
La. dollə-, dolda, doldo-	Ne. dōldī-
Oc. dōgdi-	Ud. dōgdi-
Ul. dōdi-, dōldǔ-	Ok. dōlʒi-

Na. dōlǯi-, dōldī-　　　　Ma. donji-

《譯語》 [端的 · 孫] *dondisun　　蒙古文語 durul-

Mongol語 duula-, duulda-　　Buriat語 duula- (Cincius 1975 : 214f.)

*-luma의 *-lu-는 主動의 意味를 갖는 接尾辭이고 *-ma는 *-me와 함께 널리 使用되는 副動詞語尾이다.

62) [扎 · 哈] *jaha

《譯語》에 [扎 · 哈] '件'이 나오고 다른 女眞碑에도 가끔 보인다. 滿洲 語 jaka '物品, 物件'에 對應된다.

63) [塞 · 岸] *saian

《譯語》에 [塞 · 岸] *sain '好, 良', [塞 · 舒] *sai-šu '好生'이 있고 滿洲 語에는 saikan '好好的, 美', sain '吉, 美, 好', saisa '賢者', saiša- '推裝', saiyūn '好麼', 蒙古文語에 saičud, saičul, said, sain, saixan, Mongol語에 sajd, sajn, sajrxag, sajtar 等이 있는 것으로 보아 語根은 *sai-이고 여기 *-in, *-an 等의 接尾辭가 붙어 女眞語詞가 形成된 듯하다.

64) [哀] *ai

이 語詞는 《譯語》에도, 다른 女眞字碑에도 보이지 않는다. 滿洲語에 ai '何, 甚麼'가 있지만 意味가 通하지 않고, 다만 ai ai '種種, 色色', ai ai jaka '諸物, 各樣物件'이란 말이 있는 것으로 보아 '件, 品'의 뜻으로 推定 해 본다.

65) [阿里·魯·孩] *aliluha

《譯語》에 [阿里·卜爲] *alibuwi '給'이 몇 번 나오고 女眞碑文에 '賜, 授'의 뜻으로 [阿里·卜爲], [阿里·巴] 等이 散見되는데, 滿洲語 ali-는 오히려 '受, 領受, 接取'의 意味를 갖는다. 이 女眞語詞 *ali-도 '受'의 意味인 듯한데, 이 點은 現代 Tungus諸語의 境遇와 一致한다(cf. Cincius 1975 : 26f.). *-luha의 *-lu-는 主動化接尾辭, *-ha는 過去終止形語尾이다.

66) [卜·魯] *bulu

女眞語의 아주 稀貴한 接續詞 中의 하나다.《譯語》에는 이 語詞가 없고 大金得勝陀頌碑, 女眞進士題名碑, 永寧寺碑 等에 '亦, 倂'의 뜻으로 1回씩 나올 뿐이다.[31]

67) [弗·灣·受] *foonšu

語幹 *foon-은 前述(Ⅱ-4의 52). *-šu는 正確한 機能을 알 수 없으나 先語末語尾 또는 語末語尾인듯하다. 例컨대 [一立·受·孩] '設, 置'《譯語》, [一十·受] '至, 到'《女眞進士題名碑》, [奴失·刺·受] '同心'《大金得勝陀頌碑》參照.

68) [禿·丹] *dudan

徒單氏는《金史 國語解》에 "徒單, 漢姓曰杜"로 나오고《金史》에는 哀

---

31) 金啓綜(1984b : 74)은 이 語詞를 *buru로 再構하고 있으나 이런 境遇 [魯]를 *lu로 하느냐, *ru로 하느냐는 斷定을 내릴 수 없다. 다른 親族語의 暗示를 받을 수 없는 限 漢字音에 忠實하여 *lu로 읽는 것이 옳다.

宗皇后弟로 徒單四喜의 이름이 나온다.

69) [王 · 埋] *waŋma

Nanay語 waŋla-, waŋna-, 滿洲語 wangna- '刺繡, 粧飾'과 關係있을 듯하다.

70) [哈剌 · 岸 · 魯 · 孩] *halanluha

《譯語》에 [哈剌 · 別] *halabi '改', [哈剌 · 魯 · 斡 · 哈 · 沙 · 剌] *halaluo hašara '捷音'이 나오고 滿洲語에 hala- '交代, 改煥, 改修'가 있다. *-luha는 Ⅱ-5의 65) *aliluha 參照.

71) [阿剌瓦 · 塞里] *alawaseri

《譯語》에 [阿剌瓦] *alawa, [阿剌瓦 · 吉] *alawa-gi '勅'이 있고 碑文에도 '制'라는 뜻의 이 말이 가끔 나온다. 滿洲語 ala- '告知, 告訴'와 같은 語詞이다. *-seri의 意味는 不明確하나 女眞語 結尾辭인 [塞 · 魯] *seru '也'(大金得勝陀頌碑)와 關係 있을 듯하다.

以上의 注釋을 綜合하여 全 碑文의 現代韓譯文을 만들면 다음과 같다.

南瞻部洲 大金國 合懶路 左孫野猛安 舍衛謀克 根卜古村에서 生長한 [以上 Ⅰ-1] 婆由滿 目塔魯와 千必師와 筆帖式 文奴가 佛身을 金으로 製作하고 寺院을 建立하기 爲해 愁濱路[以上 Ⅰ-2] 猛安 合蒲謀克人 赫車黑村에 居住하는 酥甲 奧敦 鈔合........(7字缺)......를 取하다[以上 Ⅰ-3]. O

丹, 左孫, 愛也窟, 愁濱, 斡合, 吐萬, 兀魯苔溫(等) 이들 十猛安에 大聲으로 喊叫하고 多年을 教化하여[以上 Ⅰ-4] 기꺼이 布帛을 얻어 佛寺를 建立하여 完成시켰다. 千必師와 苔的子와 孛尤魯 千虎剌革과[이상 Ⅰ-5] OOO子衰와 厄申斡騰과 千孫과 會蘭 思赤必과 溫迪罕 兀奴와 綴罕弗咸奴와 溫迪罕 苦失奴[以上 Ⅰ-6].......(13字缺).......酥吉謀克人 失失岸 果沙奴......(9字缺)......[以上 Ⅰ-7]......(4字缺)......合蒲謀克 赫車黑村에 居住하는 奧敦 愛厄魯가 부처를 金製로 完成시킨 首長이다[以上 Ⅱ-1]. ......[Ⅱ-2 全行缺]......(8字缺)......一兒와 弩列武와 奧敦 哈厄魯와 千胖과 丁住와......(12字缺)......[以上Ⅱ-3]......(9字缺)......目酥黑 忽里厄魯와 婆由滿 哈塞厄과 ......(11字缺)......[以上 Ⅱ-4]......(13字缺)......謀克 杜里弩列厄과 哈......(12字缺)......[以上 Ⅱ-5]......(10字缺)......村에 居住하는 猛安인 貝勒磨厄寧과 千苔胖의 兄弟에 强請하여(?)[以上 Ⅲ-1]......(4字缺)......失州와 忽羅失과 失里只番과 阿孩 伯副와 和團猛安의 貝子 王素勒衛와 滅師撒奴를 얻고[以上 Ⅲ-2] OO 合懶路 左孫猛安 舍衛謀克 吾弄草寺의 千必死에게 教化되어 나아가[以上 Ⅲ-3] 碑(?)石에 새겨 整備하였다. ......그러면 헤아려 制度에 따라 庫에 돈을 넣을 뿐이다(?)[以上Ⅲ-4]. O報知를 듣고 많은 物品과 좋은 것을 受取하였다. 또 돌에 새겨 寺院을 建立하여 完成시킨 首長은[以上 Ⅲ-5] 謀克人 站古赤村에 居住하는 婆由滿 屯灣과 苔羅吉謀克 徒單 忽十剌와 O[以上 Ⅲ-6] 失里只와 婆由滿 申子다. 佛寺를 粧飾하여 完成시킨 首長은 婆由滿 扎忽禿와 婆由滿 塞勒苔와[以上 Ⅳ-1] 貝子 婆由滿 順巴王과 婆由滿 騠湍의 奴와 婆由滿 厄塞苦와 婆由滿 左戈桑과 婆由滿 扎洪甲과[以上 Ⅳ-2] O舒 吾弄草謀克 失里只 忽十과 溫迪罕 琊革과 阿迭 桑武該와 溫迪罕 莫奴다. 改修한[以上 Ⅳ-3] 사람은 罕魯兒 古笞과 仲慶과 哈斡 忽十과 武弩魯也와 阿蘭謀克 勒付 兀也溫과 兀魯灣 敖的과 尤虎 忽素魯該와 蒲鮮이다[以上 Ⅳ-4]. OO元年 7月

26日 愛也屈猛安 合蒲謀克人 哈幹 忽十과 滅住忽里와 失里厄謀克人 婆由滿이 告知하다[以上 Ⅳ-5].

6. 碑石 製作年代 推定

이제 最後로 慶源 女眞字碑의 製作年代를 推定할 楷梯에 이르렀다. 이 碑面의 最後行(第Ⅳ面 第5行)에 "OO元年 7月 26日……告知하다"란 말이 나옴으로써 이 年月日이 바로 이 碑石 製作年代임을 알 수 있다. 그러나 遺憾스럽게도 이 碑石의 上端部가 折失되어 元年이란 말의 윗 文字를 알 수 없음으로써 그 年代를 確定하지 못하게 되어 있다.

現在까지 이 元年이 어느 年號의 元年인지를 詳考하여 碑石 製作年代를 推定코자 한 學者는 金光平 뿐이다. 于先 金光平 所論의 原文을 그대로 引用한다.

第4面(卽《朝鮮金石綜覽》所謂第二面)第五行記有年月爲"元年七月二十六日"恰巧其上年號正在缺失之中, 以此不能確定此碑爲何時所刻. 碑文中載有"愛也屈猛安".《金史》卷82《烏古論三合傳》…

"葛懶路愛也屈河人, 後徙眞定. ……(大定)十八年, 世宗追錄三合舊魯, 授其子大興河北西路愛也窟河世襲猛安……"

從這段記載可知愛也窟猛安本隸屬曷懶路, 卽以愛也窟河側女眞居民組成之猛安, 此猛安後徙於河北西路. 至於愛也窟猛安何時由曷懶路徙出雖不可知, 然可斷定是在大定十八年以前, 由金太祖天輔三年(1119年)頒行女眞文字之後(熙宗所製女眞小字在天眷元年卽1138年頒行), 至金世宗大

定十八年(1178年), 凡經過七次改元, 是:

1. 太宗 天會　2. 熙宗 天眷　3. 熙宗 皇統

4. 海陵 天德　5. 海陵 貞原　6. 海陵 正隆

7. 世宗 大定

其中天會·天德·大定三個元年都沒有七月. 又碑文中有"中京"字樣, 中京爲遼的五京之一, 建於遼聖宗統和二十五年(1007年), 金太祖天輔六年(1122年)取之, 仍稱中京, 至海陵貞元元年(1153年)三月 詔改爲北京. 以此更知建碑當在貞元以前·天會以後. 這期間只有熙宗天眷·皇統兩年號的元年有七月, 是建此碑之年號決不出"天眷"·"皇統"兩個年號之外. (金光平 1980 : 332f.)

이 論點을 整理하면 다음과 같다.

1. 本 碑文 中에 나오는 愛也窟 猛安(Ⅰ-1, Ⅰ-4, Ⅳ-5)은 原來 曷懶路 所屬이었는데 金 世宗 大定 18年(1178年)에 河北西路로 옮겼다. 그런데 本碑文에는 合懶路(=曷懶路) 所屬으로 되어 있으므로 이 碑石은 大定 18年 以前의 것이다.

2. 女眞文字 頒行(金 太祖 天輔三年, 1119年) 以後 大定 18年(1178年) 사이의 改元은 7次인데 그 中 7月이 있는 元年은 熙宗 天眷·皇統, 海陵 貞元·正隆의 4個 뿐이다.

3. 碑文 中 '中京'이란 말이 있는데(cf. Ⅳ-4)[32] 中京은 金 海陵 貞元 元年(1153年) 3月 '北京'으로 改稱했으므로 이 碑石은 그 以前의 것이

---

32) 金光平은 碑文 Ⅳ-4의 [住·溫·斤]을 地名 '中京'으로 보았으나 筆者는 이를 人名 '仲慶'으로 본다.

어야 한다.

4. 따라서 이 碑石의 建立年代는 金熙宗 天眷 元年(1138年)이거나 皇統 元年(1141年)일 수밖에 없다.

이 論點은 아주 綿密하고 深慮있는 것이지만 重大한 誤謬를 包含하고 있다. 이제 筆者는 이를 批判하고 碑石 年代를 再推定하기로 한다.

첫째, 愛也窟 猛安의 所屬 問題와 關聯된 言及은 金光平의 主張이 옳다. 그의 穿鑿에 深謝하면서 一但 이 碑石의 年代 下限을 金 世宗 18年(1178年)으로 본 點을 筆者도 贊同한다.

둘째, 이 碑銘의 女眞字는 女眞大小字를 다 包含한다. 事實 女眞大字와 小字가 어떻게 다른지 아직 結論이 나지는 않았지만《高麗史》卷22 高宗 12年(1225年) 6月 辛卯條에 "東眞人周漢投瑞昌鎭 漢解小字文書 召致于京 使人傳習 小字之學始此"라는 句節에서 보더라도 우리가 現在 接할 수 있는 女眞字는 女眞小字임이 分明하다. 또《譯語》의 文字도 女眞小字라고 불리워지고 있다. 따라서 最近 西安 碑林에서 發見된《女眞語單語集》의 純粹 表意文字를 女眞大字라고 한다면《譯語》의 文字는 女眞大小字의 混合으로 볼만하다. 그렇다면 이 碑石 年代의 上限을 女眞大字 頒行 年度인 金 太祖 天寶 3年(1119年)으로 본 것은 金光平의 커다란 誤謬인 것이다. 이 慶源碑의 女眞字는 分明《女眞語 單語集》의 그것과 用法이 다르고《女眞舘譯語》의 그것과 完全히 同一하다. 따라서 이 碑石 年代의 上限은 女眞小字 初用年인 熙宗 皇統 5年(1145年)으로 보아야 한다.[33]

---

33) cf.《金史》卷四 熙宗 五年(1145年) 5月條의 "初用御製小字".

셋째, 碑文에 나온다고 하는 所謂 '中京'은 金光平의 碑文解讀을 그대로 따라 "中京"이라고 읽는다 해도 꼭 地名이라고 볼 수는 없다. 問題의 碑文 第Ⅳ面의 第4行 前半을 金光平(1980 : 339)은

"xanlur ?da dʒuuŋgin woonja dəərje"
   ?   ?   中京   完顔 弍厄魯也

로 읽고 있으나 全體가 무슨 뜻인지 밝히지 못했다. 또 百步讓步하여 "中京"을 地名이라 본다 하더라도 金 海陵 貞元 3月 以後에도 中京이라는 地名이 여러번 使用되었음을 看過해서는 안된다.[34] 例컨대《金史》卷十八 哀宗 天興 2年(1233年) 5月條에

"中京留守權參政烏林荅胡土棄城奔蔡 壬午中京破 留守兼便宜總帥强
伸死之"

라는 句節을 보아도 金 滅亡時까지 中京이라는 地名은 그대로 使用되었던 것임을 알 수 있다. 그렇다면 이 [住 · 溫 · 斤]이라는 語詞로서 이 碑石 年代의 下限을 推定하는 것은 無意味하다.

따라서 이 慶源碑 第Ⅳ面 第5行 첫머리의 "元年"은 小字 初用年度인 金 熙宗 皇統 5年(1145年) 以後부터 金 世宗 大定 18년(1178年) 以前의

金光平(1980 : 52f.)은 逆으로 이 碑石年代가 1138年 또는 1141年이므로 이 碑石의 文字 및 譯語의 文字가 女眞小字가 아니라는 主張을 한다. 이것은 本末顚倒의 甚한 循環論理이다.

34) 金 章宗 때에 宋의 西京을 中京으로 고친 일이 있으므로 中京이라는 地名이 여러 곳에 있을 可能性도 있다.

4次 改元(海陵 天德 · 貞元 · 正隆 및 世宗 大定) 中 7月이 들어 있는 元
年인 海陵 貞元 또는 正隆 元年(各各 1153年 또는 1156年) 中의 하나가
되어야 한다. 筆者는 이 2元年 中 後者를 擇하여 1156年 7月 26日을 이
碑石 製作年代로 보고자 하는 것이다.

7. 結論

以上에서 現在까지 明確히 解讀되지 못한 慶源 女眞字碑의 女眞文을
全文 解讀하고 同碑의 製作年代를 詳考하였다. 筆者의 이 解讀에서 다
음과 같은 重要한 事實이 알려지게 되었다.

1. 이 慶源碑의 內容은 慶源府東 乾元堡里의 寺洞에 있던 吾弄草寺
   金佛像 製作 및 寺院 建立의 緣起文과 그 施主者 · 參與者들의 淨
   名을 記錄한 것이다.
2. 現在까지 알려지지 않았던 새로운 女眞字와 女眞 人名 · 地名 · 官
   名 및 語彙 · 形態素들이 이 碑文을 解讀함으로써 알려지게 되었다.
3. 이 碑石의 製作年代는 金 海陵 正隆 元年(1156年) 7月 26日로 推
   定된다. 따라서 이 慶源碑는 現存 最古의 女眞小字碑인 것이다.

[附]

日本 北海道大學 北方文化研究所 · 言語學科 共同主催 談話會 口頭 發表 速記錄

本 研究는 1983年 1月 筆者가 日本 北海道大學 言語學科에서 Altai語 研究中 同大學 附設 北方文化研究所와 言語學科 共同主催의 談話會에서 口頭로 發表한 바 있었다. 이제 女眞語 入門者들을 爲해 當日의 速記錄 을 本文과 重複되는 것은 可及的 除外하고 그대로 여기 揭載한다.

私の耳には日本語の女眞(じょしん)という言葉と朝鮮(ちょうせん)とい う言葉は同じように聽こえます。これは勿論遇然でしょぅが、私は朝鮮 族の先祖と女眞族の先祖は同じ民族であったと信じています。中國の史 籍に現われる肅愼·息愼だとが女眞·朱先·朱申、 そして滿洲語のJušen という言葉が朝鮮という言葉と語源が同じことばだと考えられます。古 く滿洲と朝鮮半島の北部に住んでいた民族は自らをJušenと呼び、その 語葉が漢字で肅愼や朝鮮と記錄されたと信じています。私は言語の上か らも朝鮮語とこのツソグース語の共通助語があると考てがえており、そ の言語をProto-Koreo-Tungusicと呼んでいますが(cf. 金東昭 1981) まだ學者 だちは信じてくれないので殘念に思っております。

ともかく女眞語がドイツの東洋學者Grube(1896)によつて滿洲語 と關聯があることが明らかになり、女眞語とその文字研究の糸口が Grube(1896)によつて解かれ、50年代になつてソレンのツングース語學 者Gorcevskaya(1959)によつて女眞語をツングース語群のなかに包めるこ とになったが、いまだ女眞語の研究が活潑でない理由はその文字の解讀 があまりにも難しすぎ、また研究資料がそれ程多くないためだといえま しょう。

女眞語の研究資料は石田(1931)をはじめとして Kiyose(1977)に至るま で多くの學者だちが提示しているが、最近中國とソレンの新しい資料發 掘の情報と、私が個人的に研究したことを合わせて、現在までのすべての女眞語に關する研究資料を綜合してみると次ぎの通りです。

第一に、文獻資料としては女眞語研究に最とも重要な《四夷舘本華夷譯語女眞舘譯語》を上げることができます。明の永樂年間に四夷舘で編撰したこの《華夷譯語》は日本では普通《乙種本華夷譯語》と呼んでいるものと思います。ここではドイツのベルリソ本・東洋文庫本・北京本・柯劭忞本・內閣文庫本・羅福成手寫本等があります。この女眞舘譯語には女眞文字が700余字、女眞語語彙が900余り載ってあり、漢字で音譯・意譯されているので女眞語とその文字の研究には基本的な本だといえますが、不幸にして女眞語の文章資料が殆んどないので、女眞語文法研究に大きな助けにはなりません。次ぎに《會同舘本華夷譯語女直譯語》は日本でふつう《丙種本華夷譯語》と呼んでいるもので、現存異本は日本の阿波國文庫本ど靜嘉堂文庫本だけだと思います。その上、阿波國文庫本は1950年に原本が燒失したと聽いています。《會同舘本華夷譯語女直譯語》には女眞文字は一つもなく漢字に音譯された女眞單語と文章が500余り載つています。この《華夷譯語女眞舘譯語》の異本に對し別の異本があるという人もいますが、それははじめ誰かが間違っていったものをそのまま引用したためであります。たどえばケンブリヂ大學の圖書館に所藏されている《華夷譯語》の中に《滿洲舘譯語》または《女眞舘譯語》が入つているという學者がいるけれどもそれは池上二良先生(1962:118f)が調査・報告されたように《Uighur舘譯語》を間違つて滿洲・女眞譯語だと話したにすぎないものです。

明の方干魯の《方氏墨譜》という本の中に<明王愼德・四夷咸賓>という漢文を女眞字で飜譯したものがあります。8個の女眞字といってけれども實際は漢字が8個で女眞字は14個です。この女眞字は明代の王世貞の《弇州山人四部稿》という本に載つているものを寫しかえたものだといいます。《方氏墨譜》の異本に關しては私は全く分りません。

　日本の歴史書である《吾妻鏡》の記事の中に出てくる銀簡四字銘は白鳥先生によつて女眞小字と主張され、その後稲葉先生・村山先生等がこれを解讀しましたが、最近ソレンで發見された銀牌にまさにこの銀簡四字銘と同じ女眞字が刻れていることが確認されました。これによつて吾妻鏡の異本の中、吉川本のものがほかの異本より女眞文字を正確に模寫してあり、またその女眞字が實際は4個ではなく7個であり意味はこれまで日本の學者たちが解讀したものと異れり<國之誠>であることがわかりました。

　次に李朝の世宗の時代に編撰された《龍飛御天歌》は女眞語を音素文字であるハングルで正確に表記しているという点で女眞語研究に重要な役割を果しています。この《龍飛御天歌》にはハングルで表記された女眞語の普通名詞が7個、人名・地名等の固有名詞が99個載ってあり、このほかに漢字で表記された女眞語彙も150余り出てきます。ここに出てくる普通名詞の中で「眞珠」という意味の「닌ᅕ궈시ninčhkhuəsi」、「百夫長」という意味の「탕고tʰaŋgo」のような單語は、女眞語方言研究においてよい資料になるといえます。このほかにも《金史》をはじめとする金代の史書・地理書に現われる人名・地名・官名が女眞語研究に欠くことのできない資料になるでしょう。また、現在行方が分かりませんが17世の前半まで李朝の譯學機關である司譯院で使われた《千字文》等の14種の女眞語教科書が、もし現われたとすれば女眞語研究に劃期的な轉換が起こるだろうと思います。私は10年前からこの教科書を捜して來ましたが日本にも何處かにあるような氣がしています。皆様の御協力をお願いいたします。

　次に、碑と石刻資料はp.71-73の表のとおりです。私は今日發表する慶源女眞碑が現存女眞字碑の中で一番最初に作られたものと考えています。これらの女眞碑と石刻に對しては色色な學者たちの研究がありますが、いまだ完全に解讀されてはいないといっても過言ではありません。北靑女眞字石刻は稲葉先生の解讀がありますが、正直にいって私はその解讀に全く賛成できません。私の研究があるにはありますが、この石刻の實物を見たことがないのではっきりとはいえません。奴兒干都司永寧寺碑に關する話は間宮林藏の《東韃紀行》に初めて出て來るようです。しかし間宮林藏はこの碑を船に乗ったまま遠くから見たので、この碑が女眞碑ということを全く知らなかったようです。一緒に船に乗って行ったアイヌ人・ギリヤーク人・オロッコ人だちがごの碑がある絶壁を通過する時、持っていた米・栗なとの穀物を江に投げいれて、この碑を離かに拝んだど書いてあり、間宮はこの碑がロシヤの山賊たちが建てたものと間違って記録しています。

　長田先生の1949年に發表した《滿洲語と女眞語》という論文によるとそれ以外にも長田先生がみずから發見されたという内蒙古SilingolのTsagan Obo碑があるといいますが、その後長田先生の《女眞文字と現存史料》等の論文にはこれに關して全く言及がなく、中國學者たちの女眞碑文資料にもこの碑の説しがないことから見てなにか錯覺があったようです。しかし未だこの碑を私は見たこともないし、また長田先生に直接伺ったこともありませんので、はっきりしたことをいうことは難しいわけです。

　次に、印と鏡の銘文資料としてはP. 73-74の11種類がありますが、この中7番・9番・10番・11番が70年代以後に發見されたものです。特に11番のソレンからの出土銀牌は1976年ソレン沿海州で發見されたもので長さが22.2cm、幅6.5cmの大きさの銀牌です。前にお話しした通りこの銀牌の女眞字が《吉川本吾妻鏡》の銀簡4字銘と全く同じものですが、《吾妻鏡》の記事によると高麗船から出た「銀の簡」は長さが7寸, 廣さが3寸というから、これと大きさが似ているわけです。

　これまで金代の女眞字文書資料がないと思っていたのですが、最近ソレンと中國でこのような墨跡の資料が發見されました。その最初のものとして1968年レニングラード東洋學研究所の西夏文書のなかから二枚の女眞文書が發見されました。これは紙に墨で書いた女眞文書で、すべて13行170余りの女眞字が書かれているのです。これに對してKara先生の研究がありますが、未だ完全な解讀はなされていません。また、1973年中國陝西省西安碑林の塔を修理している最中、塔の中から紙に墨で書いた女眞文書が11枚も出て來たといいます。この文書の發見は女眞文字研究に新たな一里塚を立てましたが、これまで分らなかった女眞大字と女眞小字の違いがはっきりと分るようになりました。この文書は女眞小字を製定した金熙宗天眷元年(1138年)以前のものと推定されます。

　この外に墨跡資料として内蒙古呼和浩特市の萬部華嚴經塔上の女眞文題字と昌平州の彈琴峽という處の女眞文題字があるといいますが現在は判讀することができず。また、吉林省で壁に書かれた女眞文字が發見されたことがあるというけれども未だ研究の結果を見たことがありません。以上で私が知っている女眞語研究資料を全部をお話ししました。

　今日紹介したいと思うこの慶源女眞字碑は5·6年前から私が解讀して見たいと思い、拓本まで作って置いたのですが、そのままになっていたところ、先日、池上先生から今日談話會でなにか發表をして見るようにいわれましたので慌てて準備したようなわけです。從がってそれぼど深い研究が出來なかったことを申し譯なく思っております。

　　[以下 本文과 重複되므로 省略함]

參/考/文/獻

- 金啓倧(1979). "陝西碑林發現的女眞字文書",《內蒙古大學學報 哲學社會科學版》1·2期.

- 金啓倧(1984a). "女眞文字硏究槪況"《中國民族古文字硏究》(北京：中國社會科學出版社).

- 金啓倧(1984b).《女眞文辭典》(北京：文物出版社).

- 金光平(1980).《女眞語言文字硏究》[金啓倧 共著](北京：文物出版社).

- 金東昭(1975). "滿洲文語 音素排列論",《국어교육연구》(大邱：慶北師範大 國語敎育硏究會) 7輯.

- 金東昭(1977a). "北靑 女眞字石刻의 女眞文 硏究",《국어국문학》(서울：국어국문학회) 76號.

- 金東昭(1977b). "龍飛御天歌의 女眞語彙 硏究".《국어교육연구》(大邱：慶北師大 國語敎育硏究會) 9輯.

- 金東昭(1979). "女眞의 言語와 文字 硏究",《한글》(서울：한글학회) 165號.

- 金東昭(1981).《韓國語와 TUNGUS語의 音韻 比較 硏究》(大邱：曉星女大 出版部)

- 金東昭((1983). "女性 指稱의 女眞語詞 硏究",《女性問題硏究》(大邱：曉星女大 韓國女性問題硏究所) 12輯.

- 金東昭(1985). "中國의 Altai語 硏究",《한글》(서울：한글학회) 189號.

- 羅福成(1929). "女眞國書碑考釋",《支那學》(東京：支那學會) 5卷 4

號.

- 羅福成(1931). "金泰和題名殘石", 《東北叢刊》(北平 : ?) 17輯.

- 羅福成(1933). 《女眞譯語》(旅順 : 滿日文化協會).

- 羅福成(1937). 《滿洲金石志》(旅順 : 滿日文化協會).

- 羅福頤(1965). 《女眞文印輯》(n.p.).

- 羅福頤(1982). "女眞字奧屯良弼詩刻石初釋", [金啓孮 · 賈敬顔 · 黃 振華 共著]. 《民族語文》(北京 : 中國社會科學出版社) 2期.

- 稻葉 岩吉(1930). "北青城串山城女眞字摩崖考釋", 《青丘學叢》(京 城 : 青丘學會) 2輯.

- 稻葉 岩吉(1932). "吾妻鏡女直字の新研究", 《青丘學叢》(京城 : 青 丘學會) 4輯.

- 道爾吉(1983). "女眞譯語研究", [和希格 共著], 《內蒙古大學學報增 刊號》.

- 閔泳珪(1967). "慶源女眞字碑考釋(上)", 《東方學誌》(서울 : 延世大 東方學研究所) 8輯.

- 山路 廣明(1956). 《女眞語解》(東京 : アジア · アフリカ言語研究 室).

- 山本 守(1951). "女眞譯語の研究", 《神戶外大論叢》 2卷 2號.

- 西田 龍雄(1982). 《アジアの未解讀文字》(東京 : 大修館書店).

- 石田 幹之助(1931). "女眞語研究の新資料", 《桑原博士還曆紀念 東 洋史論叢》(東京 : 弘文堂書房).

- 石田 幹之助(1940). "Jurčica". 《池內博士還曆記念 東洋史論叢》(東 京 : 座右寶刊行會).

- 安馬 彌一郎(1943). 《女眞文金石志稿》(京都 : 碧文堂).

- 顔華(1979). "女眞文國信碑的發現", 《社會科學戰線》(天津 : 社會科學出版社) 6期.
- 外山 軍治(1938). "阿波文庫の華夷譯語について", 《東洋史研究》(東京 : 東洋史研究會) 3卷 5號.
- 劉鳳翥(1980). "女眞字'國誠'銀牌考釋", 《文物》(北京 : 文物出版社) 1期.
- 劉鳳翥(1981). "女眞文字《大金得勝陀頌》校勘記". [于寶麟 共著]. 《民族語文論集》(北京 : 中國社會科學出版社).
- 劉最長(1979). "西安碑林發現女眞文書 · 南宋拓全幅集王《聖教序》及版畫", [朱捷元 共著]. 《文物》(北京 : 文物出版社) 5期.
- 劉厚滋(1941). "傳世石刻中女眞語文材料及其研究", 《文學年報》(北京 : ?) 7號.
- 長田 夏樹(1949). "滿洲語と女眞語", 《神戶言語學會報》(神戶 : 外國語大學 神戶言語學會) 1號.
- 長田 夏樹(1970). "女眞文字と現存史料", 《歷史敎育》(東京 : 日本書院) 195號.
- 池上 二良(1962). "ヨーロッパにある滿洲語文獻について". 《東洋學報》(東京 : 東洋學會) 45卷 3號.
- 淸格爾泰(1985). 《契丹小字研究》[劉鳳翥 · 陳乃雄 · 于寶林 · 邢复禮 共著](北京 : 中國社會科學出版社).
- 八木 奘三郎(1926). "金の得勝陀碑", 《滿洲舊蹟地 II》(東京 : ?).
- 馮永謙(1980). "海龍金漢文摩崖是近代僞刻", 《遼寧大學學報》3期.
- 黑龍江(1977). "黑龍江畔綏濱中興古城和金代墓群", [黑龍江文物考古工作隊]《文物》(北京 : 文物出版社) 4期.

- Cincius, Vera I. (1975). (ed.) *Sravnitel'nïy slovar' Tunguso-Man'čžurskikh yazïkov*, materialï k ėtimologičeskomu slovaryu. Tom I. Leningrad: Izdatel'stvo 《Nauka》.

- Cincius, Vera I. (1977). (ed.) *Sravnitel'nïy slovar' Tunguso-Man'čžurskikh yazïkov*, materialï k ėtimologičeskomu slovaryu. Tom II. Leningrad: izdatel'stvo 《Nauka》.

- Devéria, G. (1882). "Examen de la stèle de Yen-t'ai: dissertation sur les caractères d'écriture employés par les tartares jou-tchen." *Revue de l'Extréme-Orient* I.

- Gorcevskaya, V. A. (1959). *Očerk istorii izučeniya tunguso-man'čžurskikh yazïkov*. Leningrad: Akademiya Nauk SSSR Institut Yazïkoznaniya.

- Grube, Wilhelm (1896). *Die Sprache und Schrift der Jučen*. Leipzig: Kommissions-Verlag von Otto Harrassowitz.

- Kara, D., E. I. Kičanov, V. S. Starikov (1972). "Pervaya nakhodka čžurčžėn'skikh rukopisnïkh tekstov na bumage." *Pis'mennïe Pamyatniki Vostoka, istoriko-filologičeskie issledovaniya, ežegodnik* 1969. Moskva: Izdatel'stvo 《Nauka》.

- Kiyose, Gisaburo N. (1977). *A Study of the Jurchen language and Script*, reconstruction and decipherment. Kyoto: Hōritsubunka-sha.

- Poppe, Nikolaus (1960). *Vergleichende Grammatik der altaischen Sprachen*. Teil 1. Vergleichende Lautlehre. PLO neue Serie IV. Wiesbaden: Otto Harrassowitz.

- Ravenstein, E. G. (1861). *The Russians on the Amur*. London.

- Räsänen, Martti (1969). *Versuch eines etymologischen Wörterbuchs der Türksprachen.* Lexica Societatis Fenno-Ugricae XVII, 1. Helsinki: Suomalais-Ugrilainen Seura.
- Schmidt, P. (1923). "The Language of the Olchas." *Acta Universitatis Latviensis* VII. Rīgā: Latvijas Augstskolas Raksti.
- Vasilevič, G. M. (1958). *Êvenkiysko-russkiy slovar'.* S priloženiyami i grammatičeskim očerkom êvenkiyskogo yazïka, Moskva: Gosudarstvennoe Izdatel'stvo Inostrannïx i Nacional'nïx Slovarey.

[실린 곳]《효대논문집》(경산, 효성여자대학교 출판부) 36집
(1988. 2.) p.p. 39-66.

3. 女性 指稱의 女眞語詞 研究

I

이 小論은 四夷舘本 華夷譯語 女眞譯語[1]에 나타나 있는 700여개[2]의 女眞字 中 여성을 指稱하는 女眞字와 女眞語詞만을 뽑아내어 그 字形의 起源을 살피고, 女眞音을 再構해 봄으로써 女眞字形 연구와 女眞語彙 연구에 一助를 던지자는 목적으로 씌어진다.

알타이語族에 속하는 여러 言語 · 方言 中 가장 연구가 落後된 것 중의 하나인 이 女眞語를 문자와 언어 양면에서 전반적으로 철저히 연구해 볼 필요성이 있는바, 필자는 여러 번 이 필요성을 역설하여 왔는데[3], 이 작업도 이런 女眞語의 종합적 연구의 一環으로 보아 틀림없다.

---

1) 四夷舘本 華夷譯語 女眞譯語와 會同舘本 華夷譯語 女眞譯語에 關해서는 金東昭 (1977a · b) 參照
2) 現在까지 밝혀진 女眞字數는 독일 베를린 국립도서관 및 일본 東洋文庫의 四夷舘本 華夷譯語 女眞舘 雜字 · 來文에 728개가 있고, 기타 각종 女眞碑文과 최근 중공과 소 련서 발견된 문서들의 것을 합하면 1,000개에 이르리라 본다. cf. 金光平(1980 : 107)
3) 여컨대 金東昭(1979).

周知하는 대로 女眞語는 퉁구스語派의 現存 最古 文獻語로서, 그 문자는 12세기 中半에 발명되어 곧 통용된 것이다. 現存 最古의 女眞字跡은 1156年(金 海陵 正隆 元年)에 建立된 것으로 믿어지는 慶源女眞字碑[4]이지만 이 碑의 女眞字는 1413년(明 成祖 永樂 11年)에 세워진 奴兒干都司永寧寺碑, 또는 빨라도 16세기 中半에 편찬된 것으로 보이는 四夷舘本 華夷譯語 女眞舘來文[5] 所載 女眞字와 字形上 큰 차이가 없다.[6] 결국 女眞字는 12세기 중엽에서 16세기 중엽까지 무려 4세기 동안 女眞族에 의해 변형되지 않고 사용되어 온 셈이다. 그러나 朝鮮朝 仁祖 17年(1639年)에 비로소 朝鮮 司譯院의 女眞字 教材「仇難 · 巨化 · 八歲兒 · 小兒論 · 尙書」등이 滿洲字로 바뀌어졌다는 사실(cf. 閔泳珪 1956 : 3)은 이 改編 작업이 10년 이상의 長期間을 요한 점을 감안하더라도 17세기 초까지 女眞字가 사용되었다는 이야기가 되고, 後金國에서는 1579년부터 이미 無圈點滿洲字가 통용되었음에도 女眞字 사용의 전통은 韓半島와 滿洲 일부에 그대로 남아있었다는 흥미로운 사실을 알게 됨과 함께 女眞字 通用 年代는 더 늘어나게 된다.

어쨌든 우리나라는 세계 제일의 女眞語 · 滿洲語 研究國이라는 전통을 갖고 있었다. 다만 現世紀에 들어와 그 主導權을 한 때 日本과 中共에 뺏겨 버리고 말았으나[7] 최근 다시 만주어 연구가 진행되고 있고 국어 계통론 연구와 알타이어 연구의 一環으로 女眞語 연구도 서서히 일어나고 있는 此際이다. 따라서 본 연구도 女眞字와 女眞語彙 연구와 아

---

4) 이 碑文에 관한 연구는 金光平(1980 : 322-54) 및 金東昭(1983) 참조.
5) 이 女眞舘來文 중에는 嘉靖 5年(1526年)의 年紀가 기록된 것이 있다. 閔泳珪(1956 :2)의 天順 5年(1461년)은 착오인 듯하다.
6) 물론 부분적인 차이는 있다. cf. 安馬(1943 : 83), 金光平(1980 : 66-104).
7) 최근의 본격적 연구로 Kiyose(1977), 山路(1980), 金光平(1980)을 들 수 있다.

울러 퉁구스 諸語와의 비교에까지 觸手코자 하는 것이다.

II

四夷舘本 華夷譯語 女眞舘譯語에 나오는 여성 지칭 女眞語詞는 다음의 5개 이다.[8]

舟	厄寧	母
丈土	厄云溫	姐
美土	捏渾溫	妹
凡禿	撒里安	妻
仑羋(件)	黑黑厄(捏兒麻)	婦(人)

第1欄은 女眞字, 第2欄은 漢字로 표기된 女眞語音, 第3欄은 그 의미이다. 第2欄의 漢字는 華夷譯語가 四夷舘에서 편찬된 사실로 보아 明代 北京音으로 읽어야 할 것이다(cf. Kiyose 1977 : 33-8). 따라서 이 女眞語音을 정확히 再構하기 위해서는 일차적으로 明代 北京音, 곧 Old Mandarin을 克明할 필요가 있다. 그러나 음운체계가 다른 女眞語音을 漢字로 표기하기에는 한계가 있는 법이므로 오로지 이 한자음으로만 女眞語音을 再構할 수 없는 일이고 역시 대응되는 만주·퉁구스 제어

---

8) 華夷譯語에는 이밖에도 여성을 지칭하는 女眞語詞가 하나 더 있다.

  罕㪍·房苛 皇阿木魯該 皇后

  그러나 이 語詞는 「皇后」라는 중국어를 번역 차용(loan translation)한 것으로, 직역하면 「황제의 뒤」라는 뜻이므로 진정한 의미에서 여성 지칭의 여진어가 아니다. 따라서 본 연구 대상에서 이 語詞를 제외한다.

의 방언형을 참조하여 역사 · 비교언어학적 연구에까지 나아가야 한다.

본 연구는 먼저 여기 제시된 女眞字의 기원을 탐색해 보고, 다음 第2
欄의 漢字 轉寫와 대응되는 퉁구스諸語의 방언형을 기초로 女眞語音을
再構하는 순서로 행해진다.

III

女眞字에 大字와 小字의 2종류가 있다는 사실은 金史 등의 기록에 의
해 잘 알려져 있는 바이지만 최근까지 이 大小 兩字가 어떻게 다른 것인
지, 또 現存 女眞字가 大小의 어느 쪽에 속하는지 분명히 밝혀지지 못했
다. 분명한 것은 현재까지 알려져 있는 女眞字는 한가지 뿐이며 이것은
女眞小字일 가능성이 크다[9]는 사실이었다. 그런데 최근 中國 陝西省 西
安市 碑林에서 발견된 古女眞文書[10]에 의해 華夷譯語 등의 現傳 女眞字
에는 女眞大字와 女眞小字가 모두 포함되어 있고「大字=表意字, 小字=
表音字」일 가능성이 있음을 알게 되었다.[11] 아직 確證된 단계는 아니지
만 이 가능성을 인정한다면 위의 5개 女眞語語詞중 表意字인 奋 · 丈 ·
羑 · 兀 · 仓 · (件)[12] 등은 女眞大字가 되고 表音字 土 · 兖 · 羊의 3字는

---

9) 다음 기록에 의해서다.

   東眞人周漢投瑞昌鎮 漢解小字文書 召致于京 使人傳習 小字之學始此(高麗史 卷22 高
   宗 12年 6月 辛卯條)

   그러나 現存 女眞字가 大字라는 주장도 있다. cf. Kiyose 1977 : 22, 金光平 1980 : 50-5.

10) 이 문서에 관한 보고는 劉最長(1979), 金啓綜(1979), 金光平(1980:105-7) 참조. 이
    밖에 Kara(1972)도 새로운 女眞字 문서를 보고하고 있다.

11) 이런 假説의 主唱者는 金啓綜(1979) 및 西田(1982 : 144-55)이다.

12) 이 문자(件)는 '사람(人)'이라는 뜻을 가진 女眞字로서 의미상 본 연구와 관계가 없
    으므로 앞으로는 언급하지 않는다.

女眞小字인 셈이다.

女眞字가 渤海字[13] · 契丹字 · 西夏字 및 鄕札字 · 字喃 · 假名과 마찬가지로 漢字에서 기원된 것임은 분명하지만, 契丹字 制度를 따라 문자를 만들었다는 기록[14] 이외에 그 製字 원리 및 방법을 설명한 女眞人 쪽의 기록은 全無하다.

우선 現存하는 女眞字가 전부 한자의 變形 내지는 援用이라고 본 辛兒鉉(1965), 山路(1980)의 女眞字形의 根源說을 간단히 살펴보면 다음과 같다.

'奄'字의 音은 '厄寧'이고 뜻은 '母'이다. 辛兒鉉(1965 : 69)은 이 字가 '母'와 같은 의미인 '嫡'字의 右部를 모방한 것이라 보았고, 山路(1980 : 299)는 '模'와 음이 같은 '幕'字의 依倣이라 보았다.

'太'字의 음은 '厄云'이고 뜻은 '姐'인데, 辛兒鉉(1965 : 70)은 '姐'字의 左邊인 '女'字의 變體라 보고, 山路(1980 : 68)는 未詳이라 했다.

'羑'字의 음은 '捏渾'이고 뜻은 '妹'인데, 辛兒鉉(1965 : 70)은 '妹'와 '娣'의 右傍을 섞은 것이라 했고, 山路(1980 : 251)는 '妹'와 음이 같은 '美'의 變體라 보았다.

'旡'字의 음은 '撒里'이고 뜻은 '妻'인데, 辛兒鉉(1965 : 70)은 '妻'와 同意字인 '嬬'字의 右上部를 모방한 것이라 했고, 山路(1980 : 87)는 不明이라 했다.

'仺'字의 음은 '黑黑'이고 뜻은 '婦'인데, 辛兒鉉(1965 : 70)은 "己嫁曰婦라, '己'字와 '嫁'字의 合이 아닌가 한다."라 했고, 山路(1980 : 106)는

---

13) 渤海字에 관해서는 三上(1960) 참조.
14) 예컨대 希尹乃依倣漢人楷字 因契丹字制度合本國語 製女眞字(金史 卷73. 完顏希尹(傳)

'女'[nü]와 類音인 '尼'[ni]字의 變體가 아닌가 보았다.

'圡'字의 음은 '溫'인데, 辛兒鉉(1965 : 34)은 '玉'을 뜻하는 女眞語가 '古溫'임에 着眼하여 이 女眞字는 '玉'字의 變形일 것이라 보았고, 山路 (1980 : 121)는 不明이라 했다.

'禿'字는 音이 '安'인데 辛兒鉉(1965 : 65), 山路(1980 : 206) 모두 '安' 字의 變體로 보았다.

'㞢'字는 音이 '厄'인데, 辛兒鉉(1965 : 70)은 '重'의 의미를 가진 여진어 가 '兀者'이고 이 단어의 最後音을 이 女眞字로 표기하고 있음에 着眼하 여 '重'字의 變體로 보았고, 山路(1980 : 274)는 '主'字의 變體로 보았다.

이상 본 연구 대상의 8개 女眞字의 유일한 起源說이라 할 兩說을 소 개하였지만 이들 漢字起源說은 설득력이 부족한 것이 사실이다. 그런데 최근 新局面을 보이고 있는 일본과 中共의 契丹字 연구 결과에 의하면 표음문자로 믿어지는 소위 契丹大字의 상당수가 女眞字와 흡사한 字形 을 갖고 있다. 女眞字의 契丹字起源說은 막연하나마 豊田(1963 : 16), 金光平(1980 : 50-2) 등에 의해 주장된 바 있는데 사실 위의 8개 女眞字 중 '女·禿·仑·圡' 等字는 契丹小字와 酷似한 感이 있다.[15] 그렇다면 金史 所載의 "依倣漢人楷字"라는 句節보다 "因契丹字制度……製女眞 字"의 句節을 더 중시하여 女眞字의 기원을 탐색해야 할 것 같다. 다만 아직 契丹字 연구가 완결의 경지에 이르지 못했으므로 무엇이라 確言 할 수 없으나 女眞字의 기원을 찾기 위해서라도 契丹字 연구에 注力해

---

15) 예컨대 內蒙古大學에서 나온 "關于契丹小字研究"(1977年 9月 발간의 內蒙古大學學 報 哲學社會科學版 第4期 契丹小字研究專號 所載)의 附錄인 原字總表에 실려있는 106·311·247·356과 上記 4개 女眞字의 酷似를 지적할 수 있다.

야 할 것 같다.[16]

IV

華夷譯語 女眞舘譯語에 나오는 女眞語彙의 音을 모두 再構한 학자로 Grube(1896: 89-104), 山路(1956: 3-72), 辛兒鉉(1965: 9-28), Kiyose(1977: 95-149), 金光平(1980: 131-54) 등이 있다. Grube는 19세기의 北京音으로 女眞語寫音의 漢字를 읽었고, 山路·辛兒鉉은 주로 滿洲語音을 참조했으며, Kiyose는 가능한 한 만주·퉁구스語와의 역사·비교언어학적 방법으로 女眞語音을 再構한다고 말했으며[17], 金光平은 漢字音과 滿洲語音을 모두 참고한 듯하다. 먼저 이들 학자가 제시한 본 연구 대상 5개 女眞語의 再構音을 다음에 정리·소개한다.

女眞字	寫音漢字	意味	Grube	山路	辛兒鉉	Kiyose	金光平	對應滿洲文語
1. 肏	厄寧	母	'óh-ning	eniye	eniye	eniyen	ənin	eniye '母'
2. 犮土	厄云溫	姐	'óh-yün-wēn	eyu(n)	eyun	eyun	əjun	eyun '姉'
3. 羑土	揑渾溫	妹	niēh-hûn-wēn	nehu(n)	non	niyohun	nəxun	nehu '婢', non '妹'
4. 扎禿	撒里安	妻	sāh-lí-'ān	sarga(n)	sargan	sarigan	sargan	sargan '妻'
5. 仺芏	黑黑厄	婦	hēi-hēi-'óh	hehe(o)	hehe	hehee	xəxə(ə)	hehe '女'

---

16) 이 점은 이미 辛兒鉉(1958)이 주장한 바 있다.
17) 그러나 Kiyose가 만주어를 제외한 다른 퉁구스어를 참고한 흔적은 별로 보이지 않는다. 또 그의 再構 방법에 대해 비판받을 일이 많다. 이에 대한 서평 金東昭(1979) 참조.

그러나 이들의 再構 방법은 다음과 같은 이유로 비난을 면할 수 없다.

첫째, 女眞音을 표기했다고 믿어지는 漢字(위 表의 第2欄)가 과연 어느 정도 정확히 女眞音을 반영하느냐 하는 점이다. 女眞舘譯語의 편찬자는 정확한 女眞音을 표기하려고 노력했겠지만 당시 北京音이 갖는 (女眞音韻과의) 구조적 相異 때문에 이 노력은 寫音漢字에 완벽하게 나타날 수가 없었다. 따라서 이 漢字音을 그대로 女眞語音이라고 본 Grube의 태도는 옳지 않다.

둘째, 滿洲文語가 女眞語와 밀접한 관련성을 갖고 있는 것은 사실이고, 현재까지 알려진 퉁구스諸語 중에서 女眞語와 가장 가까운 언어는 滿洲文語임에 틀림없다. 그러나 모든 女眞語彙가 모든 滿洲文語語彙와 對應할 수는 없고(cf. 위 표 第3段의 滿洲文語), 女眞語의 음운구조가 滿洲文語의 그것과 일치할 수도 없다. 따라서 山路와 辛兒鉉의 태도도 옳지 않다.

셋째, 절충적인 방법으로 寫音漢字와 滿洲文語를 각각 적당히 참조하여 새로운 어휘를 再構한 학자가 Kiyose와 金光平이다. 그러나 역사·비교언어학적 再構란 이런 적당한 折衷에 의해 얻어지는 것이 아니다. 예컨대 寫音漢字가 女眞語音을 충실히 반영하고 있을지 모르는데도 불구하고 그와 형태가 다른 滿洲語形이 존재하기 때문에 寫音漢字와 滿洲語音을 절충한다면(예컨대, 第4段의 寫音漢字 '撒里安'이 女眞語音을 정확히 反映하고 있을지도 모르는데 滿洲文語 'sargan'과 섞어서 *sarigan을 再構하는 일) 그 결과는 戱畵的인 것이 되고 말 것이다.

이와 같은 경우 정확한 女眞音을 再構하는 과학적인 방법은 女眞方言과 文獻語를 조사하여 對應語彙를 가능한 한 많이 찾아내는 일이다. 그러나 불행히도 現存 女眞方言이나 文獻語는 金史 所載 數十 어휘에 불과하고, 雪上加霜格으로 이 金史 어휘 중 본 연구 대상의 5개 여진어와 관련 있는 듯 보이는 어휘는 하나도 찾아볼 수 없는 형편이다. 이 난관의 돌파구는 현대 퉁구스어 諸方語形을 조사하는 길밖에 없다. 현존 여진어가 기원 12세기에서 15세기에 통용되던 古文獻語이고 金國의 표준어였다는 사실은 그 擴散이 비교적 넓은 지역에까지 미쳤을 것임을 의심할 수 없으며, 또 女眞族이 그 이전의 勿吉 · 靺鞨 · 挹婁族에까지 遡源한다는 점에서 현대 퉁구스어 諸方言 속에 女眞語의 殘影이 분명 남아있으리라고 보는 것은 조금도 無理가 아니다. 그러므로 필자는 현대 퉁구스어 방언 속에서 위의 5개 女眞語彙와 비슷한 音相과 의미를 갖고 있는 어휘를 찾아보려는 것이다.

Cincius를 主編者로 소련 과학 아카데미의 언어연구소에서 발간한 「퉁구스어 비교 어휘 사전」(1975)(1977)에 의하면, 본 연구 대상의 5개 여성 여진어휘와 대응되는 퉁구스어 方言形과 單語族을 다음과 같이 수록하고 있다. 同學의 穿鑿 자료를 제공한다는 뜻에서 장황하지만 이를 Romanization하고 完譯해 소개한다.

[奄, 厄寧](cf. Cinicius 1977 : 456)

EVENKI 語

• ənn'i kinn'i, in'ɜ inɛ̄kinn'i '丈母(妻의 母)'

• əntī '雌馴鹿'

• əntīl, ən'īŋə '(1)母(복수), (2)父母'

• ənən '雌鰱魚'

• ənətčə, ənəčən, ənan, ənačān '雌山鳥'

- ən′ɛ̄, ən′ī, ən′ījəj, in′ə̄, ənə̄ '① 母, ② 姨母 (呼稱)'
- ən′ijə '母와 그 親族'
- ən′īmikən '(1) 祖母, (2) 母 (呼稱)'
- ən′in, əntīl '(1) 母, (2) 姨母, (3) 雌大鹿'
- ən′inin '胎盤'
- ən′intə- '母로 삼다'
- ən′iŋəsə, ən′ījəmī, ən′iŋəhə '死母'
- ən′īrə̄n '(1) 繼母, (2) 媤母(夫의 母), (3) 乳母'
- ən′ičə̄n, ən′əkə̄n, onəto, ənəto '(1) 祖母, (2) 父 또는 母의 姉, (3) 雌黑貂'
- ən′əj, ən′ə̄kə̄n '雌雄'
- ən′əkə, in′əkə, ənəkə '① 祖母, ② 父 또는 母의 姉 (呼稱)'
- ən′əkəmə̄ '祖母로 삼다'
- ən′əčə̄ '雌大鹿'

SOLON 語

- ənə̄, an′é, ən′é, ən′ə, ənī, anín, on′én '母'

LAMUT 語

- ənikčən, ənin '雌大鹿'
- ənə̄kčən, ənəkčən '① 雌魚, ② 암컷'
- ən′in [복수 ən′tīl], än′n′an, ön′ön, ən′, ən′ən '① 母, ② 祖母(父 또는 母의 母)'
- ən′iŋän3ə '母(呼稱·敬稱)'

- ən'mə- '母를 사랑하다'
- ən'mə '① 母에의 사랑, ② 사랑하는 母'
- ən'rēni, ənnēni, ändrán, ən'dēni '繼母'
- ən'til-amtil '父母'
- ən'ɔ̄ '母(呼稱)'
- ən'ənta- '母의 것을 갖다'

NEGIDAL 語

- ənən '雌魚'
- ən'ijən '繼母'
- ən'ixən '雌黑貂'
- ən'in [복수 əntil] '① 母, ② 牝鹿'
- ən'iŋəsə '死母'
- ən'ə, ən'əj '母(呼稱)'
- ən'əkkə, ən̄'əkən, ən'əxən, ən'axan '① 祖母, ② 큰姨母(母의 姉), ③ 丈母(妻의 母), ④ 媤母(夫의 母)'

OROCH 語

- ənə '① 암컷, ② 雌魚'
- ənə naku '암탉'
- ənəŋki '現母'
- ən'i '① 母, ② 암컷'
- 'ən'i anda '雌麝香猫'
- ən'əŋəsə '死母'

UDIHE 語

- ən'əsə '암컷(魚鳥類의)'
- ən'i(n) '① 母, ② 成熟한 암컷(鹿 · 大鹿 · 馴鹿등의)'
- ən'ini, ən'i-ti '婦人(呼稱)'
- ən'iŋə '母(呼稱)'

ULCHA 語

- ənnə '암컷(魚鳥 · 野獸의)'
- ənnəksə '雌魚皮'
- ən'- [복수 ən'enə, ən'əsəli] '母'
- ən'ə, ən'əj '母(呼稱)'
- ən'əkə(n) '繼母, 丈母(妻의 母)'

OROK 語

- əni(n) [복수 ənil] '母'
- əninə '암컷(魚鳥 · 野獸의)'
- əninə gasa '雌鳥'
- əninə pəttə '雌海豹'
- əninə sundatta '雌魚'
- ənirə(n) '繼母'
- əničil '母의 親族, 母의 姉妹'
- ənnə, ənə, ənəkə [복수 ənəkəsəl] '母(呼稱)'
- ə̄nnə '乳兒, 幼兒 (女兒를 부르는 말)'

NANAY 語

- ən′in [복수 ən′isəl] '母'
- ən′iə [복수 ən′iənə] '母(呼稱)'
- ən′inə '雌魚'
- ən′inəxsə, əninəksə '雌魚皮'
- ən′irə̄ '암컷(野獸의)'
- ən′iəkə̄, ən′əkə '繼母'
- ən′iələ̄ '어머나! (感歎詞)'
- ən′iəŋgi '母의, 母의 것의'

MANCHU 語

- ən′ajŋgə, ən′əjŋgə '母의'
- ən′an, ən′ən '雌鹿'
- ənixən, ən′əxun, ən′əxən, ən′əxə indaxun '雌犬'
- ən′ə, ′eni, ′eni′ee '母'
- ən′ən buxu '雌鹿'
- ən′ən′ə '蛇의 冬眠'

※ 古代土耳其語 ana '母'
※ YAKUT語 ijä '母'

위의 퉁구스諸語 자료에서 퉁구스共通語(Common-Tungusic)로
*änin을 再構할 수 있는데 이 語詞는

*änin > ənin, əniŋ, əni...

> ənə~, əna~

의 변화를 입은 것으로 보인다. 따라서 女眞語 *əniŋ을 再構할 수 있으며, Solon語와 Udihe語에 비슷한 語形이 있음을 알 수 있다.

[丈土, 厄云溫] (cf. Cincius 1977 : 443)

EVENKI語

• əkī, əkɛ̄, əkā, əkəkā, ikā, əkəj '① 姉, ② 아주머니 (呼稱)'

• əkīmə '最年長姉'

• əkīn [복수 əkniḻ, ərnil] '① 姉, ② 父母의 妹'

• əkīrə̄n '三等親의 伯叔姨母'

• əkītmər '年老者(女子)'

SOLON語

• əxī, aká, eké, exé, okín, okcí '① 姉, ② 年長의 (女子)'

LAMUT語

• əkmə- '姉로 삼다'

• əkā, əki '① 姉, ② 아주머니, ③ 母 (呼稱)'

• əkəd'mər, əkən'mər, ökötmör, əkədmər '① 年長의 (姉妹), ② 年齒가 많은, ③ 年老의'

• əkən [복수 əknil], äkán, ökön, əkkə '① 姉, ② 父母의 妹, ③ 母, ④ 年齒가 많은'

• əkənun, ökönul '姉妹'

• əkəŋən '長女'
• əkəŋnə, əkəŋŋə, əkəčə '① 初老의 女人, ② 姉'

NEGIDAL語

• əgə, əxī, əxə, əxəj, əkəj, okoj '① 姉, ② 아주머니 (呼稱)'
• əxīmə, əxīnmə, əxītmə '年長의 (姉妹)'
• əxīn [복수 əxīŋnəl, əxnīl], əkīn [복수 əknil] '① 姉, ② 父母의 妹'

OROCH語

• əgə, əkə, əxə '① 姉 ② 兄嫂 (呼稱)'
• əki '① 姉 ② 兄嫂'
• əkən əʒə '主婦, 女主人'

UDIHE語

• əxi(n) '① 姉, ② 父母의 妹, ③ 年長女 (父母보다는 年下)'
• əxə '① 姉, ② 아주머니 (呼稱)'

ULCHA語

• əgə, əjkə, əjə-ni '姉'
• əjədumə '年長의 (姉妹)'
• əktə [복수 əkəli, əkəsəli] '① 女子, ② 암컷'
• əktə piktə, əktəkə(n) '女兒'
• əktəngi '女의'

OROK語

- əgə, əjgə, əjrə, əjkə, əjə [복수 əjrəl, əjrənil, əjrəsəl, əjrəmunəsəl]
  '① 姉妹, ② 兄弟姉妹, ③ 母의 妹'
- əkkənu '① 姉, ② 伯叔姨母'
- əktə [복수 əkkəl, əkəl] '① 女子, ② 암컷'
- əktə mapa '雌熊'
- əktəni, əktən'n'ə '女子'
- əktə puttə '女兒'

NANAY語

- əgə [복수 əgәnə] '姉(呼稱)'
- əjkə, əki(n) '姉'
- əktə [복수 əkər, əkəsəl] '① 女子, ② 암컷'
- əktə xon'ɪ '雌羊'
- əktəkə̃ [복수 əktəkənʒuə̃] '① 女兒, ② 女'
- əkərŋi, əkəsəlŋi '女子의'

MANCHU語

- əjun [복수 əjutə], əjən, '姉'
- 'əjunuN '姉妹'

※ 蒙古語 eke, əx '母'

   ekener, əxnər '① 女子, ② 妻'

※ BURIAT語 əxə '母'

əxənər, '① 女子, ②妻'

위의 자료에서 통구스共通語 *äki를 再構한다. 이 語詞는

    *äki > *äkä > əkV > əgV > əxV

        > *äiki > əjkV > əjgV > əjV

의 변화를 입은 듯하다. 따라서 女眞語는 *əjun이 되며 滿洲語形과 가장
類似하다.

[姜土, 揑渾溫] (cf. Cincius 1975 : 617)

EVENKI語

- nəkū, nuko, nuŋaj, nuŋəj, nəkā, nəkə̄, nəkūkə̄, nəkōkū, nəkōkū,
  nəkūkō, nəkə̄kə̄n, nakakan '①弟, 妹 (呼稱), ②孫, ③男兒, ④兒童'
- nəkūmī, nəkūmə̄, nəkə̄tkə, nokotko '最年少의'
- nəkūmə̄n '弟 또는 妹를 사랑하는'
- nəkūn [복수 nəknīl, nəŋnīl], nakun, nokun, nukun '①年下의 親類,
  ②弟, 妹, ③孫, ④子, ⑤ 兒童'
- nəkūn-asatkān '姪女'
- nəkūn-bəjətkān '姪婦'
- nəkūndirū, nokondi, nukundiwu, nukundəwu, nukïndəwu,
  nəkūndiwū, nəkūndərū, nəkə̄ndi '보다 年下의 (弟, 妹 중)'
- nəkūndimər [복수 nəkūndiməsəl] '年下者'
- nəkūnəsəl, nokunošəl, nəkūnəhəl '①兄, 姊, ② (廣義의) 兄弟'
- nəkūnəsəlgəčir, nəkūnəhəlgəčir '兄弟처럼, 兄弟같은'

- nəkūnəsəlgəčirǯi, nəkūnəhəlgəčirǯi '兄弟처럼, 兄弟로'
- nəkūrən '二等親의 年下者'
- nəkəjə '① 男兒(年下親族에 대한 呼稱), ② 熊'

SOLON語

- nexū, neŋú, neŋún, nekún '弟, 妹'
- nəxū unaǯi '妹'

LAMUT語

- nȭ [복수 nȭŋil, nȭnul], nū, nú, nūh '① 弟, 妹, ② (母系의) 從弟, 從妹, ③ 年下의'
- nöm- '① 弟로 삼다, ② 習慣化하다'
- nömnə-, nomna- '① 卑下하다, 깔보다, ② 자랑하다, 驕慢해하다'
- nȭmnəw-, nomnau- '怨恨을 품다'
- nȭmə-, nȭmən-, nȭnmə-, nūmə- '弟 또는 妹를 사랑하다'
- nȭnun '① 弟 또는 妹와 함께, ② 從弟 또는 從妹와 함께'
- nȭnmər, nȭdmör, nȭtmör, nȭdmər, nūdmər '① 弟 또는 妹인 者, ② 妹의 子, ③ 年下의, ④ 少年'

NEGIDAL語

- nuxu, nəxu, nəxuj, nuku, nəku, nəŋuj '弟, 妹 (呼稱)'
- nəxun [복수 nəxuŋnəl, nəŋnil], nokun, nəkun '① 弟妹, ② 從弟從妹 ③ 姪, 姪女, ④ 夫의 弟 또는 妹, 妻의 弟 또는 妹, ⑤年下의'
- nəxunmə, nəkutmə '最年下의',

• nəxunəsəl, nəkunəči '弟, 妹 [복수형]'

OROCH語

• nokko, noko '① 弟, 妹 (呼稱), ② 姪(呼稱), ③ 大熊星座의 星名'

• nokkočko '小兒, 兄弟 (呼稱, 愛稱)'

• nəku '① 弟, 妹 ② 麝香猫(禁忌에 依한 代稱)'

• nəkuræ '妹(呼稱)'

• nəŋu '① 弟, 妹 ② 姪(兄의 子)'

• nəumunəkkə '고명딸(多男獨生女)'

UDIHE語

• neædiga '보다 年下의 (弟 · 妹 中)'

• nəxus'ə '弟, 妹 (呼稱)'

• nəŋu, n'əŋu '① 從弟, 從妹, ② (年下同族의) 子女, ③ 男女年下異族'

• nəŋun'dimə '年下의'

ULCHA語

• nəku '① 弟, 妹 (呼稱), ② 小兒(呼稱)'

• nəku(n) '宗族中 年下兄弟姉妹의 總稱'

• nəkuməǯə '兄의 未亡人, 弟의 年上의 妻'

• nəu(-nuŋ) '① 弟, 妹, ② 보다 年下의(弟 · 妹 中)'

• nəudumə '① 弟 또는 妹인 者, ② 보다 年下의 (弟 · 妹 中)'

OROK語

- noɣonʹē, nokonō, noko, nūggu, nūkku, nuku '弟, 妹'
- nəw, nəu [복수 nənil, nənisəl] '① 弟, 妹, ② 보다 年下의'
- nəwdumə, nəudumə '① 弟 또는 妹인 者, ② 보다 年下의(弟·妹中)'
- nəwdumənʹnʹe, nəudumənʹnʹe, nəwuməni, nəuməni, nəwumənʹnʹe, nəumənʹnʹe '弟'
- nəuwumunəsəl '弟·妹 모두'

NANAY語

- nəil, nəgil '弟·妹 (복수)'
- nəku, nəkū '①弟, 妹 ②子, ③ 年長者의 年下者에 대한 號稱'
- nəkuənə '① 兄弟姉妹, ②子 (呼稱)'
- nəu '弟, 妹'
- asia nəu '妹'
- nəužimə '最年少의'
- nəumuliə '① 兄弟들, 姉妹들, ②姉妹 있는 兄弟, 兄弟 있는 姉妹'
- nəu faŋgù '막내(最年少子)'

MANCHU語

- non [복수 nota], nuN '① 妹, ② 從妹, ③ 年下의 同族'

※ YAKUT語 noko, noxo '少年, 靑年'

위의 例로써 共通語 *näkö를 再構한다. 이 語詞는

*näkö > nəku, nəgu, nəxu > nəu

      > nuku, nugu, nuxu > nu

      > noko > no~, nö~

의 變化를 입은 듯하다. 따라서 女眞語는 *nəhun으로 再構될 수 있다. 제1음절이 '捏[niəh]'字로 되어 있지만 語頭의 *n이 口蓋音化를 겪은 言語가 전혀 없으므로 女眞語도 *n'əhun으로 再構하지 않는다. Solon語, Negidal語에 女眞語와 類似한 語形이 있다.

[圥兂, 撒里安] (cf. Cincius 1977 : 65)

MANCHU語

- sarga nimaha '大鯪魚'
- sargaʒi čəčikə, sarkaʒi čəčikə '白頰鳥'
- sargaʒi nimaha, sarganʒi nimaha '鯨魚'
- sargan [복수 sargada, sargata], sarəhəN '①女, ②妻'
- sargan asigan, asihan sargan '妾, 젊은 妻'
- sargan gaj- '得妻하다, 娶하다'
- sargan ʒuj [복수 sargan ʒusə] '女兒, 女息'
- sargan obu- '結婚하다'

滿洲語 이외에는 이 語詞의 對應例가 나타나지 않는다. 따라서 女眞語는 우선 *sarian으로 再構해 둘 수밖에 없다.

[仓夅, 黑黑厄] (cf. Cincius 1975 : 480)

SOLON語

- xəxə, xéxe '妻'

NEGIDAL語

- xəxə '(단추) 구멍, 틈'
- xəxəlgə '(단추를) 벗기다'

ULCHA語

- xəxə '(단추) 구멍, 틈'

NANAY語

- xəxə '(단추) 구멍, 틈'

MANCHU語

- xexari '男兒'
- xəxə [복수 xəxəsi, xəxəši] '①女子, ②妻'
- xəxə antaxa '女客'
- xəxə dəxəmə '姨母(母의 妹)'
- xəxə kəli '兄弟의 妻들이 서로 부르는 말, 同壻'
- xəxə kəsikə '雌猫'
- xəxə toxon '(단추) 구멍, 틈'
- xəxəŋgə '女의'
- xəxərdə- '(女子가) 成人이 되다, 成熟하다'
- xəxəri '口蓋, 咽頭'

- xəxərəku '女子 같은, 饒舌의'
- xəxərəmə '女子처럼, 女裝하고'

다른 퉁구스語形은 滿洲語로부터의 借用처럼 보이고, 또 滿洲語形은 xaxa(haha) '男'의 母音交替形이다. 그러나 女眞語에도 '哈哈愛(=男子)' 가 있으므로 女眞語形을 暫定的으로 *həhə로 再構해 둔다.

V

퉁구스諸語와의 비교에서 本 연구 대상의 5개 여성 지칭 여진어휘는 다음과 같이 再構된다.

奋 厄寧	*əniŋ	'母'
丈土 厄云溫	*əjun	'姉'
关土 揑渾溫	*nəhun	'妹'
凡禿 撒里安	*sarian(?)	'妻'
仓羊 黑黑厄	*həhə	'女'

參/考/文/獻

- 金啓琮(1979). "陝西碑林發現的女眞字文書." 「內蒙古大學報 哲學 社會科學版」1979-1 · 2 : 1-4

- 金光平(1980). 「女眞語言文字研究」(金啓琮 共著), (北京 : 文物出版 社).

- 金東昭(1977a). "北靑女眞字石刻의 女眞文 研究." 「국어국문학」(서 울 : 국어국문학회) 76 : 1-16.

- _____(1977b) "龍飛御天歌의 女眞語彙 研究." 「국어교육연구」(大 邱 : 慶北大學校 師範大學 國語敎育研究會) 9 : 91-105.

- _____(1979). "여진의 언어와 문자의 연구--기사부로 N. 키요세 지은--." 「한글」(서울 : 한글학회) 165 : 123-41

- _____(1983). "慶源女眞字碑の女眞文研究." (北海道大學文學部 言語學 · 北方文化研究施設 談話會 發表要旨).

- 閔泳珪(1956). "解題." 「小兒論 · 同文類解 · 八歲兒 · 三譯總解」 (서울 : 延禧大學校 東方學研究所) 1-10

- 山路廣明(1956). 「女眞語解」(東京 : アジヤアフリカ言語研究室).

- _____(1980). 「女眞文字の題字に關する研究」(東京 : 南方諸言 語研究所).

- 三上次男(1960). "渤海の押字瓦とその歷史的性格." 「和田博士古 稀紀念東洋史論叢」(東京 : 講談社) 921-36.

- 西田龍雄(1982). 「アジアの未解讀文字」(東京 : 大修舘書店).

- 辛兌鉉(1958). "契丹文字考." 「思潮」(서울 : 思潮社) 1-2 : 251-5.

- _____(1965). 「女眞文字와 言語의 研究」(서울 : 語文閣).
- _____(1967). "女眞文字의 構造에 對하여." 「慶熙大學校論文集」5 : 83-94.
- 安馬彌一郎(1943). 「女眞文金石志稿」(京都 : 碧文堂).
- 劉最長(1979). "西安碑林發現女眞文書, 南宋拓全幅集王《聖教序》 及版畵."(朱捿元 共著). 「文物」(北京 : 文物出版社) 276 : 1-6.
- 中國社會科學院民族研究所 · 內蒙古大學蒙古語文研究室 契丹文 字研究小組(1977). "關于契丹小字研究." 「內蒙古大學學報 哲學社 會科學版」(契丹小字研究專號) 1977-4 : 1-97.
- 豊田五郎(1963). "契丹隷字考─女眞文字の源流." 「東洋學報」(東京 : 東洋文庫) 46-1 : 1-39.
- Cincius, Vera I. (1975). (ed.) *Sravnitel'nïy slovar' Tunguso-Man'- čžurskikh yazïkov*, materialï k ètimologičeskomu slovaryu. Tom I. Leningrad: Izdatel'stvo《Nauka》.
- Cincius, Vera I. (1977). (ed.) *Sravnitel'nïy slovar' Tunguso-Man'- čžurskikh yazïkov*, materialï k ètimologičeskomu slovaryu. Tom II. Leningrad: Izdatel'stvo《Nauka》.
- Grube, Wilhelm (1896). *Die Sprache und Schrift der Jučen*. Leipzig: Kommission-Verlag von O. Harrassowitz.
- Kiyose, Gisaburo N. (1977). *A Study of the Jurchen Language and Script*, Reconstruction and Decipherment. Kyoto: Hōritsubunka-sha.
- Kara, D., E. I. Kičanov, V. S. Starikov (1972). "Pervaya nakhodka čžurčžen'skikh rukopisnïkh tekstov na bumage." *Pis'mennïe*

pamyatniki vostoka, istoriko-filologičeskie issledovaniya, Ežegodnik
1969. Moskva: Izdatel′stvo《Nauka》.

[실린 곳]《여성문제연구》(대구, 효성여자대학교 한국여성문제연구소) 12집
(1983. 12.) p.p. 163-176.

4. (서평) 여진의 언어와 문자 연구

I

1. 지난 세기말부터 서양 학자들에 의해 시작된 여진어 연구는 1940년대에 이르기까지 일본과 중국 학자들의 참여로 그 자료의 빈곤에도 불구하고 제법 활발히 이루어졌었다. 그 후 60년대에 가까이 오면서 알타이어학의 확립과 만주 · 통구스어 연구의 필요성에 의해 여진어는 알타이어학자들의 관심거리가 됨으로써 그 연구의 새로운 국면이 열리게 되었다. 두루 알다시피 여진어는 만주 · 통구스 제어 중 가장 옛 언어라는 점에서 만주 · 통구스어학과 알타이어학을 연구하는 이에게는 중요한 위치를 차지하는 언어라 할 것이다. 그러나 그 자료가 그다지 많지 않다는 이유와 판독하기 힘든 문자 때문에 학자들의 손이 여기까지 미치지 못했던 것은 만주 · 통구스어학을 위해서나 우리말의 계통 연구를 위해서나 적잖이 불행한 일이었다. 더군다나 역사적인 면에서 보아 세계 제일의 여진어 연구국이었고 또 여진족과 가장 밀접한 관계를 이루어 왔던 우리나라는 우리말 계통 연구와 관계없이 이 개별 언어 연구의

좋은 전통을 다시 살려볼 만한 처지에 있는 게 아닌가 싶어진다. 어쨌든 우리나라에서 여진어 연구의 맥락은 끊일 듯 이어져 오늘에 이르렀고, 일본의 계통론 학자들과 함께 그 연구의 필요성은 가끔 강조되어 왔었다.

지금까지의 여진어 연구의 결산이 이 시대적 요청(만주·퉁구스어학과 한국어·일본어 계통론의 요청)에 힘입어 한 권의 책으로 되어 나온 것이 일본 교토 대학 Gisaburo N. Kiyose(清瀬義三郎則府) 교수의 *A Study of the Jurchen Language and Script*라 할 만하다. 이 책은 한마디로 말해 1977년까지의 여진어 연구(정확히 말하면 〈사이관본 화이역어 여진역어(四夷館本華夷譯語女眞譯語)〉 연구의 집대성으로서 서양과 중국·일본의 업적을 모두 종합한 책이며 이 방면 연구의 최초 기념비적인 Wilhelm Grube 박사의 *Die Sprache und Schrift der Jučen*을 수정·압도케 하는 대작이다. 책의 내용은 모두 4장으로 나뉘어져 있는데, 제1장이 Jurchen Language Source Materials(21~32면)로 여진어 연구 대상이 총망라되어 있고, 제2장이 본 연구의 핵심이라 할 수 있는 Reconstruction of Jurchen Phonology(33~59면)로 여진어 음운 재구성의 원칙을 제시하고 있으며[1], 제3장이 The Sound and Meaning of the Jurchen Characters(61~94면)로 728개의 여진 문자의 음과 뜻을 파헤쳤고, 제4장은 Decipherment of the Sino-Jurchen Glossary(Nü-chen-kuan Tsa-tzu 女眞館雜字)(95~149면)로 제2장에서 확립된 방법론을 이용하여 900여개의 여진어 어휘를 재구성했으며, 제5장 Decipherment of the Sino-Jurchen Memorials(Nü-chen-kuan lai-wen 女眞館來文)

---

1) 이 부분은 清瀬 1973과 꼭 같다.

(151~232면)은 39개의 여진어 문장(실은 여진어 문장이 아니라 여진어 어휘 나열)을 해독하고 있다. 계속해서 여진어 관계 연구 문헌 목록(Bibliography)이 11페이지에 걸쳐 실려 있고, 재구성된 여진어 접미사와 어휘가 그 뒤에 알파벳 순으로 정리되어 있다. 아래에 대략 이 순서에 따라 본서의 내용을 좀더 자세히 소개하고 비판을 붙이기로 한다.

II

2.1. 제1장에서 여진어 자료를 이야기하기 전에 Kiyose 교수는 먼저 여진족의 명칭과 발해문자에 관해서 언급하고 있다. 여진의 다른 이름인 "女直(nü-chih)"은 요나라 흥종의 이름 종진(宗眞) 때문에 "直"으로 고친 것으로 널리 알고 있으나 저자는 만주·퉁구스어에서 흔히 볼 수 있는 끝자음 n의 탈락형으로 본다는 탁월한 견해가 먼저 펼쳐지고, 숙신·읍루·물길·말갈과 여진의 관계에서 지금까지 토론된 대로 숙신과의 관계가 의심스럽다고 말하고 있다. 이런 사실은 벌써 한치윤이 말한 바 있지만(蓋挹婁勿吉前史不言所從而稱以古肅愼氏國則是居肅愼舊地而非肅愼氏子孫也, 해동역사 권60 숙신씨 고) 숙신과 여진과의 관계는 "숙신"과 "Jurchen", "朱先", "珠申", "Jušen" 사이의 비슷한 음상 때문에 쉽사리 단념하지 못하는 것이다. 또 당나라의 백거이가 해독했다는 발해문자[2]가 언젠가는 발견될지도 모른다는 말도 덧붙이고 있다.

2.2. 여진어 자료는 주로 비문과 화이역어의 여진역어를 들 수 있다.

---

2) 우리나라에서는 이태백이 해독했다고 알려져 있다. 김윤경 1946. 53-6.

지금까지 발견된 여진 비문은 대개 다음의 9개라고 작자는 말한다.(묶음표 안은 만든 연대와 발견된 곳.)

    1. 大金得勝陀頌碑(1185년. 만주 길림성 부여현)

    2. 奧屯良弼餞飮碑(1210년. 발견 장소 언급 없음)

    3. 女眞進士題名碑(일명 宴臺碑)(1924년. 중국 하남성 개봉현)

    4. 大金太祖息馬址碑(만주 요녕성 유하현. 1933년 발견)

    5. 楊樹林上頂摩崖碑(1116년?. 만주 길림성 해룡현)

    6. 高麗北靑城串山摩崖碑(1338년?. 함경북도 북청)

    7. 高麗慶源碑(함경남도 경원, 1918년 서울로 옮김)

    8. 永寧寺碑(1413년. 시베리아 아무르강 입구)

    9. Tsagan Obo 비(내몽고 Silingol. 1945년 발견)

그러나 Kiyose 교수는 이들 비문에 대해 별로 관심이 없는 듯, 그 소개가 정확하지 않고 현재 소재지의 암시도 거의 없을 뿐만 아니라, 참고 문헌도 9의 것을 제외하고는 거의 1940년 이전 것만을 들고 있다. 특히 6 · 7에 대한 소개는 아주 불성실하여 현재 우리나라에서 불리고 있는 「북청 여진자 석각」「경원 여진비」라는 명칭도 모르고 있으며, 6의 소재지 북청 성환산성을 "Hokuseijō Kanzan Chō(北靑城 串山城)" 또는 "Mt. Kuan 串"이라고 엉뚱하게 읽어 6의 연구인 稻葉岩吉. 1930 "北靑城串山城摩崖考譯."「靑丘學業」 2.21~42.를 읽지도 않고 소개한 듯한 인상을 준다.[3]

물론 이 책의 연구 대상이 사이관본 화이역어의 여진역어에 국한된

---

3) 〈경원 여진비〉는 현재 경복궁 회랑에 옮겨져 있다.

탓도 있겠지만 책이름을 별다른 제한 없이 「여진의 언어와 문자 연구」
라고 해놓고서 진정한 여진어의 연구 대상인 금석문을 소홀히 한다는
것은 Grube 시대에나 통할 일이지 현재로서는 있을 수 없는 일이다.

화이역어 중 여진역어(또는 女眞館譯語 · 女直譯語)의 사본 문제 등
서지적 해설은 본서에 상세히 나와 있다. 이것은 石田幹之助. 1930. "女
眞語硏究의 新資料."「桑原博士還曆記念東洋史論叢」1271~323.에 주
로 의거한 듯하고 그 이후의 연구도 비교적 소상히 소개하고 있다. 이밖
에 소련의 레닝그라드 과학원 동양학 연구소에서 여진자 문서 사본이
발견됐다는 흥미 있는 보고[4]를 인용하고 있으나 자세한 소개가 없어서
그 문헌을 볼 수 없는 우리로서는 궁금한 마음뿐이다. 여진 금석문과 화
이역어를 제외하고 여진어 연구에 이용될 수 있는 자료인 금국어해 ·
흠정 금사어해 · 宇文懋昭의 Ta-chin-kou-chih(1234년) · 방씨묵보(方
氏墨譜)의 여진자명(女眞字銘) · 오처경(吾妻鏡)의 고려 사자명(高麗
四字銘), 그리고 지금 전하지 않는 자료들인 금나라 조정 간행의 번역
서 14종(금사 8:6, 51:5, 51: 14), 그리고 우리 조선의 여진역과(譯科) 교
과서 14종(경국대전 3 : 6) 등은 이미 이 방면 연구가들에게 널리 알려
져 있는 대로이지만, 또 빼 놓아서는 안 될 것들은 용비어천가에 나오는
100여 개의 한글 표기 여진어휘[5] 와 고려사 · 고금석림 · 북정록 · 동국
여지승람 · 세종실록 지리지 등의 여진어휘(인명 · 지명 · 관명 포함)등
이다. (김동소. 1978. "여진어 연구의 현황과 전망." 계명대학교 한국학

---

4) 다음 문헌을 인용하고 있다.
   Kara, D., Kychanov, E. I. & Starkov, V. S. 1972. "Pervaya nakhodka chzhurchzhen's-
   kikh rukopisnykh tekstov na bumage." *Pis'mennye pamyatniki Vostoka, Istoriko-
   filologicheskie issledovaniya.* Moskva. pp. 223~228.
5) 자세한 것은 김동소 1977b 참조.

연구소 연구 발표회 초록.)

여진족과 지리적 · 정치적 관계로 보아 과거 여진어 연구가 가장 성했던 나라가 우리나라였음을 감안할 때 연구자료는 앞으로 우리쪽 문헌에서 더 발견될 가능성이 크다.

2.3. 지금껏 우리가 여진대자(大字)로 알아온 여진자(大金皇弟都統經略郎君行記碑와 여진 거울 등에 쓰인 문자)가 거란(契丹) 문자일 가능성에 대한 논의가 있어 왔는데[6] 본서에서도 그를 인정하고 소위 여진대자의 자료를 여진어 연구 대상에서 제외시켰다(22면 및 26면). 아울러 우리의 현존 여진소자(小字)가 실은 여진대자(금사 열전 완안희윤 조항에 나오는)이고, 진정한 여진소자는 따로 있을지 모른다는 주장을 간단히 하고 있는데(22면) 우리나라의 여진학이 여진소자의 연구임(東眞人周漢投瑞昌鎭 漢解小字文書 召致于京 使人傳習 小字之學始此. 고려사 권 22 고종 12년 6월 조항)과 우리의 현존 금석문이 지금의 소자임을 감안할 때 이 주장은 우선은 수긍하기 어려움이 있다.[7]

III

3.0. 여진어 음운을 재구성하기 위해서 우리가 사용할 수 있는 자료는 화이역어의 여진관역어 중 명나라 사이관(四夷舘. 뒤의 四譯舘)에서 발간된 사이관본 여진역어(소위 乙種本 화이역어 중의 여진역어. Kiyose

---

6) 羽田 1926, 신태현 1937, 豐田 1963, 淸瀨 1973 등 참조.
7) 이에 관해서는 다른 논문으로 자세히 다루겠다.

교수는 Hua-i i-yü-with-Script라 부르고 있다.)와 역시 명나라 회동
관(會同舘)에서 발간된 회동관본 여진역어(소위 丙種本 화이역어 중
의 여진역어. Kiyose 교수는 이를 Hua-i i-yü-without-Script라 부르고
있다.)가 주된 것이고 보조자료로 만주문어 · 퉁구스어 등을 들 수 있겠
다[8]. 따라서 여기 사용된 한자음의 재구성 작업이 선행 문제인바 Kiyose
교수는 이를 명나라 북경음에 바탕을 둔 표기로 보고 명대 북경 한자음
(곧 Middle Chinese, i. e. Old Mandarin)을 재구성하여 여진음을 추정하
고 있다(34~38면). 여진음 추정의 구체적 원리 중 중요한 것은 대개 다
음과 같다(38~57면).

　　가. 여진음의 강음(fortis)과 약음(lenis)의 구별은 한자음의 유기음과
　　　　무기음으로 구별 표기했다고 본다(39면).[9]

　　예) *$duxa$ ← 都哈[tu-xa]
　　　　*$tugi$ ← 秃吉[t'u-gi]]
　　　　*$ječe$ ← 者車[tṣe-ts'e]

　　나. 한자음으로는 구별이 안 되는 다음의 것들은 Hua-i i-yü-without-
　　　　Script(회동관본 여진역어)의 여진어휘 및 만주문어 어휘 등을 참

---

8) 또한 표음문자에 의한 유일한 여진어음 기록인 용비어천가의 여진어휘도 여진음운
　 재구성에 참고 자료가 될 것이다. 김동소 1977b 참조.
9) 淸瀨 1973. 16 이하에서 淸瀨 교수는 여진어음의 fortis, lenis를 각각 무성음과 유성음
　 으로 보았다. 그러나 만주 · 퉁구스어에서 파열음 · 파찰음의 대립이 유기 : 무기인지
　 무성 : 유성인지에 대한 토론은 아직 결론이 나지 않았다고 본다. 필자는 河野 1944에
　 힘입어 이를 유기 : 무기의 대립으로 보려 한다.

고해서 재구성한다.

(ㄱ). 여진어 1과 r(40면).

예) 幹莫羅 → *omolo 'grandchild' cf. Ma. omolo id.

禿剌 → *tura 'pillar' cf. Ma. tura id.

失里 → *širi 'sand' cf. HIIY-without-Script *čiryo id.

(ㄴ). 둘 이상의 여진자를 같은 한자로 표한 것(41면 및 43면).

예) 塞克 → *seke 'sable' cf. Ma. seke id.

塞馬吉 → *saimagi 'frost' cf. *sai(賽)

(ㄷ). 한자로는 표기 안 된 여진어의 중자음(重子音)(50면).

예) 泥渾 → *nilxun 'sixteen' cf. Ma. nilhun 'the sixteenth day'

巴住昧的 → *bakjumei di 'to be hostile' cf. Ma. bakcin '對敵'

이 밖에도 분명히 표현되어 있지는 않으나 가장 기본적인 재구성 원칙 중 하나는 비록 같은 한자로 표기되어 있는 것이라도 여진자가 다르면 다르게 재구성한다는 점이다. 이것은 원칙적으로 옳은 태도일는지 모르나 여진음을 표기하는 기능을 가진 한자음을 너무 무시한 것이 아닌가 싶은 동시에 재구성의 근거가 주로 만주문어에 있다는 데에 문제가 있는 것이다. 만주문어와 여진어의 관계가 아직 명백히 밝혀져 있지 않고 또 사이관본 여진역어와 회동관본 여진역어가 서로 다른 방언

일 가능성도 있으므로[10] 오로지 만주문어에 바탕을 두고 여진어를 재구
성한다는 것은 현재로서는 위험할 수 있다. 여진 문자의 암시가 없는 한
차라리 한자 표음에 치중함이 성실한 태도일 것 같다. 그 구체적인 문제
점을 다음에 몇 가지 지적한다.

3.1. '回回'를 *xuwixuwi로 재구성했으나(47면 및 115면) 이것은
*hui-hui로 재구성됨이 더욱 타당하다. u와 다른 모음 사이의 glide 'w'
나, i와 다른 모음 사이의 glide 'y'가 모든 여진어휘에 항상 존재했다는
증거는 없다. 그런데 Kiyose 교수는 만주어의 *niyo* 'swamp'가 이전에는
nio로 표기됐다는 I. Zakharov의 말을 인용하면서도(53면) 다음의 예를
들어서 glide인 'w, y'의 존재를 불가결한 것으로 인정해 버린다(54면).

　* beiye-(背夜) 'to love'; Ma. *buye-* id.

　　Thus, *liye*(里也) 'row' 〈 Chin. *lie* 列 id.

　* *weihe*(委黑) 'tooth'; Ma. *weihe* id

　　Thus, *kuwei*(庫委) 'estimation' 〈 Chin. *k'uei* 揆 id.

즉 중국어 lie, k'uei를 여진어에서 liye, kuwei로 발음하는 것으로 보
아 hiatus의 경우 여진어에서는 glide 'w, y'를 빼놓을 수 없다는 논리인

---

10) 본서 46면에서 이런 이야기를 분명히 하고 있다.

　　Consequently, the conclusion can be drawn that it is extremely doubtful that the
　　Jurchen represented in the *Chin-kuo yü-chieh* and in inscriptions, that in the Hua-i
　　i-yü-with Script texts, that in the Hua-i i-yü-without-Script texts, and the Manchu
　　language are in historical sequence of the same dialect. It is of interest to note that
　　the Jurchen in the *Yung-ning-ssu pei* inscription of the Ming period still preserved its
　　archaic phonological features.

것이다. 그러나 이런 결론은 충분한 검토 없이 내린 성급한 것이다. 다음
의 예들은 여진어가 중국어를 반드시 그런 식으로만 받아들이는 게 아
니라는 증거가 된다.

중국어		여진음
求	→	其兀
皀	→	子敖
轎椅	→	交椅
規	→	圭因

위의 여진음을 보면 i음 뒤의 "兀·敖"와 원순모음(o 또는 u) 뒤에 온
"椅·因"의 첫소리에 y나 w음이 들어간 흔적이 없다. 곧 "求·皀·轎椅
·規"들은 여진어에서 대개 kiu·jio·gioi·gui(n)으로 발음됐다는 말
이다. 결국 여진어에서 한자음을 받아들일 때 i나 o(또는 u)모음과 다른
모음 사이에 glide인 y나 w를 넣어 발음하기도 했고 그렇지 않기도 했다
는 이야기다. 이를 무시하고 Kiyose 교수는 모든 여진어에서 과도음 y,
w가 꼭 필요한 것처럼 잘못 생각하여 i와 o(또는 u) 뒤에 모음이 올때는
y나 w를 기계적으로 집어넣어 여진어를 재구성하는 오류를 범한 것이
다. 따라서 다음과 같이 a와 ya, e와 ye, o와 yo, u와 yu, a와 wa, e와 we, i
와 wi를 구별하여 재구성해야 한다[11]. (묶음표 안은 Kiyose 교수의 재구
성형을 적은 것)

---

11) 이 문제에 대해서는 이미 이기문 1958.387. 김동소 1975.87. 김동소 1977a.7 및 14에
언급이 되어 있음

必阿 *bia(*biya)-----------古牙忽 *guyahu

別厄 *bie(*biye)-----------非也吉 *fiyegi

和的斡 *hodio(*hodiyo) -----縛約 *foyo

哈里兀 *hariu(*hariyu) ------約約眜 *yuyume

朱阿 *jua(*juwa) ----------阿剌瓦吉 *arawagi

禿厄 *tue(*tuwe) ----------禿斡黑 *tuwehe

都因 *duin(*duwin) --------密塔卜爲 *mitabuwi

3.2. "住兀(길)"를 Ma. *jugūn* 'road'에 바탕하여 *jugu로 재구성한 것 (47면 및 100면), "卜古(사슴)"를 Ma. *buhu* 'deer'에 바탕하여 *bugu로 재구성한 것(47면 및 105면)은 너무 만주문어를 의식한 것이다. 회동본관 여진역어의 "住(路)", "布兀(鹿)" 참고.

이런 식으로 만주문어에 맹종하다 보니까 여진 문자의 아무런 암시도 없는데 "斡"와 같은 글자는 o, we, wo, u로, "安"은 an, am, gan으로, "厄"는 e, ge, re, ye로, "兀"는 o, u, gu등으로 다양한 발음을 갖게 되는 것이다. 여진자·한자가 모두 동일하게 사용되었으면 그것은 동일한 소리를 기록한 것으로 봄이 온당한 태도이다. 그러면서도 여진어 접미사 표기로 흔히 쓰인 "黑·眜·埋·孩" 등은 대응되는 만주문어에 "-he, -me, -ha"로 나타나는데 한자음에 충실하여 "hei·mei·mai·hai"로 재구성한 것은 이해할 수 없는 일이다.

3.3. 여진어 음운론에서 간단히 생각하기 어려운 것이 어중자음군 (intervocalic cluster)의 존재 여부이다. 본서에는 대충 보아 다음과 같은 이중자음군이 재구성되어 있다. (묶음표 속은 대응되는 만주문어임)

~bk~ *abka 阿卜哈(abka)

~dg~ *budgai 卜都乖(buda)

~kč ~ *ukčin 兀稱因(uksin)

~kd~ *akdiyan 阿玷(akjan)

~kj ~ *bakju 巴住(bakci-)

~lb~ *dalba 笒勒巴(dalba)

~ld~ *holdo 和孕(holdon)

~lh~ *ilha 一勒哈(ilha)

~lm~ *golmigi 戈迷吉(golmin)

      *gulma 古魯麻(gulmahūn)

~mb~ *amba 安班(amba)

~mg~ *temge 忒厄(temen)

~rd~ *irdihun 一兒的洪(ijimbi？)

~rg~ *jargu 扎魯兀(jarhū)

~rh~ *urehe 兀魯黑(urehe)

      *širha 失兒哈(sirga)

~rs~ *herse 赫路塞(gisuren？)

~sg~ *isgun 一速溫(misun？)

~sh~ *ishun 亦宣都(ishunde)

      *tasha 塔思哈(tasha)

      *fushegu 伏塞古(fusheku)

   물론 여기 있는 한자 표기만으로는 어중자음군의 존재를 전혀 인정할 수 없고 회동관본 여진역어와 만주문어, 또는 다른 퉁구스어의 역사언어학적인 도움을 받고야 그 존재를 추리하게 한다. 그런데 위의

재구성 역시 너무 만주문어에 의존한 것 같다. 대부분이 유일례인 이
들 어휘의 기록 원전 자체를 한번쯤 비판해 볼 필요가 있겠는데 특히
"忒厄"(회동관본에는 "忒木革"), "赫路塞"(회동관본에는 없음), "一速
溫"(회동관본에는 "迷速") 등이 그렇다. 이 중 "阿卜哈·荅勒巴·古魯
麻·一勒哈·扎魯兀·塔思哈"는 어중모음 탈락(syncope)에 의해 만
주문어의 abka · dalba · gulmahūn · ilha · jarhū · tasha가 됐다고 볼
수 없을까? Kiyose 교수도 "卜的黑" *budihe(만주문어 bethe), "阿卜
哈" *abuha(만주문어 abdaha), "弗剌江" *fulagiyan(만주문어 fulgiyan)
에서는 분명 syncope를 인정하고 그렇게 재구성한 것이다.("卜都乖"
*budgai는 만주문어 buda, 회동관본 "不荅"이고; "兀魯黑" *urhe는 만주
문어 *urehe, 회동관본 "兀魯黑"인데 이렇게 자음군으로 재구성한 이유
를 알기 곤란하다.) 또 "阿玷" *akdiyan(회동관본 "阿甸", 금국어해 "阿
典")·"巴住-" *bakju-(회동본관에는 없음)·"兀稱因" ukcin(회동관본
"兀失")·"替彈巴" *tiktamba(회동관본 "提塔-") 등은 k의 발생으로 만
주문어에서 akjan · bakci · uksin · čiktan이 되었고, "戈迷吉"(회동관
본 "過迷")·"和孕"(금국어해 "桓端") 등은 'l'의 발생으로 만주문어에서
golmin · holdon이 됐다고 볼 수 없을까? 다시 말하면 여진어에 확실히
존재했다고 믿을 수 있는 어중자음군은 위의 자료로서는 ~mb~, ~rd~,
~rh~ 등이고 이 밖에도 l · m · n · ŋ · r 선행자음군 뿐이었다고 보는 편
이 원전에 충실한 태도가 되겠다는 이야기다.

3.4. Kiyose 교수는 여진어 음소로 ŋ을 부인하여 재구성음에는 이것
을 모두 n으로 표기했다. 그 근거로 중국어 차용어인 "堂·郎·廳" 등을
"塔安·剌安·替因"으로 받아들인 점과 만주문어 bayan · ayan에 해당

되는 어휘를 "伯羊·阿羊"으로 기록한 점을 들었다.(47·48면). 그러나 이것도 너무 성급한 획일주의다. 다음의 예를 보자.

중국어 → 여진어	중국어 → 여진어	중국어 → 여진어	중국어 → 여진어
京 → 京	謄 → 謄	君 → 君	冠 → 冠
蟒 → 莽	縣 → 縣	本 → 本	磚 → 磚
宮 → 宮	殿 → 殿	蒙 → 蒙	同知 → 同知
兩 → 羊	觀 → 觀	孔 → 孔	西千 → 西千
王 → 王	寸 → 寸	將軍 → 將軍	珊瑚 → 珊瑚
公 → 公	斤 → 斤	和尙 → 和尙	寒食 → 寒食

여기서 알 수 있는 것은 ŋ운미의 중국어를 n운미의 한자로 표기한 예는 많지만, n운미를 가진 말을 ŋ운미자로 표기한 예는 그 많은 중국어 차용어 중에 하나도 없다는 사실이다.(이 사실은 n과 ŋ을 여진인들이 혼동하지 않았음을 의미한다.) 또 "嶺·總兵·侍郎·高昌"을 "里因·索溫必因·侍剌安·高察安"으로 표기할 줄 안 여진역어 편자가, 비교적 널리 쓰였을 "王·官·和尙·將軍·公" 같은 말을(이들의 발음이 정말 Kiyose 교수의 재구성대로 wan·gun·hošan·jangiyun·gun이었다면) "瓦安·古溫·和沙安·扎安軍·古溫" 쯤으로 표기할 수 없었던가? 더군다나 이 중 어떤 것은 대응되는 만주문어가 wang(王)·gung(宮·公)·jiyanggiyūn(將軍)임을 어찌할 것인가? 이런 어휘들은 여진어로부터 만주어로 계속 유전되었을 것이므로 '중국어 wang 〉 여진어 *wan 〉 만주어 wang' 식의 우회적 변천을 했다고 보기는 어렵지 않을까? 또 "蟒·兩"처럼 다른 한자로 바꾸어 적으면서도 "馬安·牙安"이 아닌 "莽·羊"과 같은 ŋ운미의 글자를 사용한 예를 보면 여진어에 n과 함께 ŋ이

음소로 존재했음을 부정할 수 없다. 다음의 어휘 비교에서도 n·ŋ 구별 표기의 노력을 엿볼 수 있다[12].

嫩江(푸르다) 만주어 niowanggiyan
一能吉(날) 만주어 inenggi

一門吉(기름) 만주어 nimenggi
蒙古溫(은) 만주어 menggun

根見(밝다) 만주어 genggiyen
塞更革(효성) 만주어 senggime

이 밖에도 捏兒麻(만주문어 niyalma)를 *niyarma로 굳이 r-을 취한 점,[13] 脉忒厄林(만주문어 mederi)을 음절을 줄여 *meterin으로 재구성한 점 등 수긍할 수 없는 점이 많이 있으나 개별 단어의 재구성에 관한 비판은 생략하기로 한다.

IV

4.1. 제5장에서 Kiyose 교수는 〈사이관본 여진역어〉에 실려 있는 여진 관 내문(女眞館來文, The Sino-Jurchen Memorials)의 여진문 39편을 3

---

12) 김동소 1977a.11-12 참조. 또 용비어천가에 한글로 표기된 여진어휘 「밍간·탕고」 도 참고할 만하다. 김동소 1977b 참조
13) 만주어 niyalma가 알타이 공통어 *niārābi에 소급된다고 해도 이 문제와는 관계없다.

장·4장에서 재구성한 어휘로 해독했다. 여진관 내문은 한문 번역이 붙어 있으므로 이 해독은 크게 어려운 작업이 아니어서 이미 Grube와 渡部薰太郎에 의해 이루어진 바 있다[14]. 여진관 내문의 여진 문장은 실은 여진문이 아니고 한문 순서로 여진어휘를 나열해 놓은 것에 불과하다. 따라서 이 여진관 내문으로써 여진 문장의 모습을 알려고 하는 것은 큰 잘못이다. 이 여진관 내문의 어학적 가치는 여진역어의 잡자(雜字, the Sino-Jurchen glossary)에 없는 여진 문자와 여진 어휘(주로 인명·관명 또는 한자어)가 있다는 점이나 이 역시 수에 있어서 아주 미미하다. 여진어 문장을 연구하려 한다면 회동관본의 여진 문장이나 여진 금석문의 그것을 이용하여야 하므로 앞으로의 여진어 연구 대상은 역시 이쪽이 되어야 할 것이다.

4.2. 맨 끝에 붙어 있는 Bibliography는 지금까지의 서양·중국·일본의 여진어 연구 문헌이 거의 총망라되어 있어 이 방면 연구를 뜻하는 학도들에게 많은 참고가 될 수 있다. 그러나 유감스럽게도 한국 학자들의 연구가 모조리 빠져 있어서 이들의 것과 아울러 이 책에 빠진 문헌, 이 책 출판 이후의 문헌을 모아 관심 있는 이들에게 도움되고자 한다.

- 이의봉. 1789. 「古今釋林」.
- ?. 19세기?. 「北路紀略」.
- 薩英額. 1821. 「吉林外記」.
- 曹廷杰. 1885. 「西伯利亞東偏紀要」.

---

14) Grube의 *Die Sprache und Schrift der Jučen*(1896)에 20편, 渡部薰太郎의 「女眞舘來文通解」(1933)에 40편이 해독되어 실려 있다. Kiyose 교수는 왜 渡部보다 한 편이 적은지 알 수 없다.

- Zach, Erwin Ritter von. 1897. "Einige weitere Nachträge zum Jucen-Deutschen Glossar Prof. Grube's." *TP* 8.107-8.

- 稻葉君山. 1928. "咸北의 女眞語 地名."(일본말 제목을 번역한 것임)「朝鮮」38. 51-5.

- 園田一龜. 1936.「吉林·濱江兩省의 金代 史蹟」.(일본말 제목을 번역한 것임)「滿洲國古蹟古物調査報告書(四)」(滿洲國國務院文教部).

- 신태현. 1937. "契丹文 哀册에 대해서."(일본말 제목을 번역한 것임)「青丘學叢」28. 1-17.

- 山本守. 1943.「阿波國文庫本女眞譯語」(建國大學研究院各班報告).

- 小倉進平. 1944. "女眞語·滿洲語에서의 影響."「朝鮮語方言研究」(東京:岩波書店) 下卷. 365-8.

- 신태현. 1958. "계단문자 고."「사조」Ⅰ:2. 251-5.

- 이기문. 1958a. "여진어 지명 고."「문리대학보」(서울대학교 문리과대학 학예부) 10. 139-46.

- 이기문. 1958b. "중세 여진어 음운론 연구."「서울대학교 논문집 인문사회과학」7. 343-95

- Menges, Karl H. 1968. "Die Sprache der Ǯürčen." in B. Spuler et al., eds., *Tungusologie* (Leiden/Köln: E. J. Brill).

- 신태현. 1965.「여진 문자와 언어의 연구」(서울:어문각).

- 신태현. 1967. "여진 문자의 구조에 대하여."「경희대학교 논문집」5. 83-94.

- 박은용. 1972. "금어 연구."「아세아학보」(서울:아세아 학술 연구회) 10. 77-184.

- Miller, Roy Andrew. 1975. "Notes on the Jürčen Numerals for the Teens." *UAJ* 47. 145-53.

- 田村實造. 1976. "契丹 · 女眞文字考". 「東洋史硏究」 35. 361-413.
- 김동소. 1977a. "북청 여진자 석각의 여진문 연구." 「국어국문학」 76. 1-16.
- 김동소. 1977b. "용비어천가의 여진 어휘 연구." 「국어교육연구」(경북대학교 사범대학) 9. 91-105.

참/고/문/헌

- 김동소. 1975. "만주문어 음소배열론." 〈국어교육연구〉(경북대학교 사범대학) 7. 75-91.

- 김동소. 1977a. "북청 여진자 석각의 여진문 연구." 〈국어국문학〉 76. 1-16.

- 김동소. 1977b. : "용비어천가의 여진어휘 연구." 〈국어교육연구〉(경북대학교 사범대학) 9. 91-105.

- 김윤경. 1946³. 〈조선문자 급 어학사〉(서울 : 진학출판협회).

- 신태현. 1937. "契丹文 哀册에 대하여." 〈靑丘學叢〉 28. 1-17.

- 이기문 : 1958. "중세여진어 음운론 연구." 〈서울대학교 논문집 인문사회과학〉 7. 343-95.

- 羽田亨. 1925. "契丹文字의 新資料." 〈史林〉 X : 1. 82-97.

- 淸瀨義三郞則部. 1973. "女眞音再構成考." 〈言語硏究〉 64. 12-43.

- 豊田五郞. 1963. "契丹隷字考──女眞文字의 源流." 〈東洋學報〉 XLVI : 1. 1-39.

- 河野六郞. 1944. "滿洲國黑河地方의 滿洲語의 一特色──朝鮮語와 滿洲語의 比較硏究 一報告──." 〈學叢〉(東京帝國大學文學會) 3. 190-215.

※(일본말로 된 책 이름은 우리말로 고쳤음.)

《Review》

Gisaburo N. Kiyose : A STUDY OF THE JURCHEN LANGUAGE
AND SCRIPT, reconstruction and decipherment. Hōritsubunka-sha,
Kyoto, 1977. 260 pages in 8°, 4 plates, buckram.

Kim, Dongso

Keimyung University (Daegu)

Summary

The major differences of opinions between Professor Kiyose's in his
study and mine are as followings :

1. Since professor Kiyose's study is mainly based on the Written
Manchu in some cases and not in other cases, there is no continuity in
his method of reconstruction. For example, Jurchen 住兀 *jugu (Ma.
jugūn 'road') is represented as "住" in HIIY-without-script, so it should
be reconstructed as *juu. The Written Manchu may have its older form
(or be some other dialect). As a result of his emphasis on the Written
Manchu and neglecting the Chinese sound, 斡 has inadequately various
sounds such as *o, *we, *wo, and *u, 安 as *an, *am and *gan, 厄 as
*e, *ge, *re and *ye, and 兀 as *o, *u and *gu, etc. However, it cannot
he understood that he reconstructs 黑, 昧, 埋, 孩 which appear -he, -me,
-ha in the Written Manchu, as *-hei, *-mei, *-mai, *-hai according to the

Chinese sound.

2. Professor Kiyose argues that there is no 'ŋ' phoneme in Jurchen, because Chinese 堂, 廳, 郎 are derived into jurchen 塔安, 替因, 剌安 and Ma. *bayan, ayan* are the changed forms of Jurchen 伯羊, 阿羊. But since the final sound 'n' in Chinese is never transliterated in Jurchen as the character with the final sound 'ŋ', Jurchen seemed to distinguish between 'n' and 'ŋ'. If the Jurchen sounds of "王, 宮, 和尙, 將軍, 公" had been **wan, *gun, *hošan, *jangiyun, *gun* as Professor Kiyose argues, the author of the Sino-Jurchen Glossary would have transliterated them into 瓦安, 古溫, 和沙安, 扎安軍. And the fact that the Jurchen sounds of Chinese 蟒, 兩 are transliterated into 莽, 羊 not into 馬安, 牙安 means Jurchen has the final sound 'ŋ'. The following examples show part of the author's (the author of the Sino-Jurchen Glossary) endeavor of trying to distinguish between 'n' and 'ŋ'.

嫩江(-n-)　　Ma. *niowanggiyan*
一能吉(-ŋ-)　　Ma. *inenggi*

一門吉(-n-)　　Ma. *nimenggi*
蒙古溫(-ŋ-)　　Ma. *menggun*

根見(-n-)　　Ma. *genggiyen*
塞更革(-ŋ-)　　Ma. *senggime*

3. While Professor Kiyose admits of the existence of various intervocalic clusters, it can be argued that such as 阿卜哈, 荅勒巴, 古魯麻, 一勒哈, 扎魯兀, 塔思哈 are changed into *abka, dalba, gulmahūn, ilha, jarhū* and *tasha* in the Written Manchu as a result of syncope. Professor Kiyose himself reconstructs 卜的黑, 阿卜哈, 弗剌江 as **budihe, *abuha, * fulagiyan*, and this is the result of his admitting that they changed into Ma. *bethe, abdaha, fulgiyan* by syncope. In addition, in spite of the fact that Jurchen "卜都乖" is Ma. *buda* and HIIY-without-Script "不荅" and that Jurchen "兀魯黑" is Ma. *urehe* and HIIY-without-Script "兀魯墨", it cannot be understood that he reconstructs each of them as **budgai* and **urhe*.

4. In the Chinese derivations into Jurchen, if some vowels are followed after 'i' and 'o', the glides 'y' and 'w' are inserted, or not. Though Professor Kiyose argues that the glides 'y' and 'w' should always be inserted, it is not sustained as in following examples.

Chinese		Jurchen Sound
求	>	其兀 **ki-u* (not **ki*-yu)
皀	>	子敖 **ji-o* (not **ji*-yo)
轎椅	>	交椅 **gio-i* (not **gio*-wi)
規	>	圭因 **gu-in* (not **gu*-win)

Accordingly, it should be reconstructed as followings.

必阿　*bia* (not *biya*),　　　　but 古牙忽 *guyahu*

別厄　*bie* (not *biye*),　　　　but 非也吉 *fiyegi*

和的斡 *hodio* (not *hodiyo*),　but 縛約 *foyo*

哈里兀 *hariu* (not *hariyu*),　but 約約昧 *yuyume*

朱阿　*jua* (not *juwa*),　　　　but 阿刺瓦吉 *arawagi*

禿厄　*tue* (not *tuwe*),　　　　but 禿斡黑 *tuwehe*

都因　*duin* (not *duwin*),　　but 密塔卜爲 *mitabuwi*

[실린 곳] 《한글》 (서울, 한글학회) 165호 (1979. 9. 30.) p.p 123-141.

5. 龍飛御天歌의 女眞語彙 研究

1.1. 용비어천가의 한문 夾註 속에 여진어휘가 많이 나타나 있음은 이미 용비어천가를 연구하는 이들에나 여진·만주어학에 관심을 갖는 이들에 의해 지적된 바다. 그러나 이들 여진어휘들이 빈약하기 짝이 없는 여진어 연구 자료의 뒷받침이 될 수 있을 뿐 아니라 한글과 같은 우수한 표음문자로 여진어음을 정확히 기록한 유일한 자료임에도 불구하고 별로 연구되지 않은 현실이다. 그래서 필자는 용비어천가의 문헌적 가치도 다시 평가하고 여진어 연구의 一助가 되자는 뜻에서 용비어천가 중의 여진어휘를 체계적으로 고찰해 보고자 한다.

1.2. 淸나라를 세워 中原을 지배한 만주족의 조상인 여진족은 예로부터 여러 이름으로 한국사와 동양사에 등장했다. 여러 옛 문헌을 새삼 인용할 것없이 韓致奫이 종합적으로 내려 놓은 논설을 보면 다음과 같다.

按肅愼氏 唐虞時曰息愼 殷周時曰肅愼亦曰稷愼 皆一也 漢以後曰挹婁
元魏時曰勿吉 唐時曰靺鞨 蓋挹婁勿吉前史不言所從而稱以古肅愼氏國則

是居肅愼舊地而非肅愼氏子孫也 靺鞨卽勿吉之音轉也 今寧古塔等處卽其
地爾 唐開元以後其地爲渤海大氏所據 大氏之亡復爲女眞之地(海東繹史
卷第六十 肅愼氏考)

이에 따르면 肅愼‧息愼‧稷愼과 挹婁 및 靺鞨‧勿吉, 그리고 女眞이
어떤 관계인지 명백치는 않으나 挹婁‧靺鞨이 肅愼의 후손이 아니라는
말을 했다. 그러나「肅愼氏一名挹婁」(晋書),「靺鞨……卽 古之肅愼氏
也」(隋書),「金之先出靺鞨氏 靺鞨本號勿吉 勿吉古肅愼地也」(金史)등의
옛 문헌의 말은 그만두더라도 四夷舘本 華夷譯語 女直譯語의「朱先＝女
直」이라는 말과 漢淸文鑑의「Jušen ＝ manju aha ＝ 滿洲臣僕 ＝ 野人之最
後歸順者 一云 Jušen halangga niyalma」라는 기록, 또「女眞…黑水靺鞨
之後…契丹又稱之曰盧眞」(辭海)과「淸人之在關東 自稱珠申 卽女眞之
音轉…三代之肅愼實卽女眞之先祖 肅愼之轉爲女眞 猶女眞之轉爲珠申
耳」(辭源), 그리고「女眞之先出于勿吉 居古肅愼地」(龍歌 1:7)라는 증언
등을 종합해보면 肅愼(息愼‧稷愼)‧挹婁‧靺鞨(勿吉)‧朱先(珠申)‧
女眞(女直‧盧眞)이 모두 같은 대상을 지칭하는 말이 아니면 같은 족속
의 祖孫을 가리키는 말처럼 느껴진다.[1] 따라서 본 연구에서는 이들 여러
족속이 동일 血族의 선조와 후예라는 가설[2]을 우선 인정하기로 한다.

1.3. 필자의 조사에 의하면 용비어천가에는 대개 다음과 같은 수의 여
진어휘가 실려 있다. 물론 이 중에는 여진어가 아닌 것도 포함되어 있을

---

1) 六堂은「주신」이라는 總名 下에 諸多種姓을 括稱한다 하였다. 崔南善, 1918: 15-6.
2) 이런 가설의 비근한 예로 朴恩用 1972를 들 수 있다.

가능성은 있으나 그 대부분이 용비어천가의 편찬자[3]에 의해 여진어로
규정된 것이기에 그대로 인정받을 수 있을 것이다.

	보통명사 어휘	종족명 어휘	인명 어휘	지명 어휘
한자 표기 어휘	9	18	49	92
한글 표기 어휘	7	5	28	66

(한글 표기 어휘는 모두 한자로도 표기되어 있고 종족명 어휘와 보통명사 어휘
는 인명 · 지명 어휘와 중복되는 것이 많으므로 총 어휘수는 150어 정도이다.)

2.0. 용비어천가에 나오는 여진어휘 중 먼저 보통명사 어휘를 고찰해
보기 위해 그 어휘와 대응되다고 믿어지는 어휘를 여러 문헌에서 찾아
정리해 보면 다음과 같다.([ ]안은 그 의미임).

龍飛御天歌	金史	四夷舘本	會同舘本	同文類解	淸學音	新講方言
1. 豆漫투먼 [萬]		土滿[萬]	禿墨[萬]	투먼 [一萬]		tuməN, tumuN
2. 完顏[王]	完顏[王]	(王[王])	(哈安 [皇帝])	(한 [皇帝])		(haaN)
3. 按出虎 [金]	按春 · 按出虎 [金]	安春溫 [金]	安出[金]	안츈 [耳墜子]		('a'isiN)
4. 移闌이란 [三]	移賚[第 三]	以藍[三]	亦朗[三]	이란 [三箇]	일나[三]	'ilaN
5. 猛安밍간 [千戶]	猛安 [千夫長]	皿干[千]	命哈[千]	밍간 [一千]		miɳaN

---

3) 특히 金宗瑞의 從事官으로 六鎭 개척에 참여했고 여진어에도 능통했던 申叔舟의 힘
이 컸으리라 믿는다.

6. 斡合위허 [石]	斡勒[石]	斡黑[石]	兀黑[石]	위허 [石頭]	웨후[石]	vexee
7. 級出闊失 닌줘시 [眞珠]	銀朮可 [珠]	寧住黑 [珠]	泥出[珍 珠]	니츄허 [0珠]		
8. 唐括탕고 [百戶]	(謀克 [百夫長])	湯古[百]	倘古[百]	탕구 [一百]	탕고[百]	taŋa
9. 伯顏바얀 [富人]		伯羊[富]	拜牙[富]	바얀[富]		ba'iN
拔都바톨 [勇敢無敵]		(罕安丹 [敢])		바투루 [勇]		baturə, batərə

이들 어휘가 용비어천가에 나오는 여진어 보통명사 어휘의 전부이다. 이 중 「拔都바톨」은 용비어천가 7권 10장에 나오는 倭將 「阿其拔都아기바톨」의 이름에서 온 것으로, 그 夾註에 「阿其 方言小兒之稱也. 拔都或作拔突蒙古語勇敢無敵之名也」로 되어 있듯이 여진어가 아님이 명백하지만 만주문어에 baturu(勇敢)가 나타나기 때문에 여기 포함시킨다.

제1段의 어휘들은 용비어천가에 나오는 것을 나온 순서대로 적은 것이다. 제2단은 金史 본문과 그 末尾에 붙은 金國語解에서 찾은 어휘이다. 소위 고대 여진어 또는 前期 여진어를 반영한다.[4] 제3단에 있는 것은 明의 四夷舘[5]에서 편찬되고 그 후 여러 차례 改修되었다고 믿어지는 多言語語彙集인 華夷譯語의 女直譯語에 나타난 어휘들이다. 이 책은 지금까지 알려진 바로는 가장 많은 수의 여진어휘를 포함하고 있고 또 여진 문자를 갖고 있는 유일한 어휘집으로서 여진어 연구의 가장 중요한

---

4) 李基文 1958a : 92-4 및 李基文 1958b : 344, 朴恩用 1972 : 83-4 참조.
5) 四夷舘은 明 永樂 5年(1405年)에 설치되었다.

자료이다.[6] 제4단의 會同舘本은 明末 茅瑞徵의 저작이라 일컬어지고 會
同舘員用이었다고 믿어지는[7] 華夷譯語의 여러 寫本 중에서 石田幹之助
교수가 소개한[8] 소위 靜嘉堂本 華夷譯語 女直譯語를 뜻한다. 여기 실린
여진어 어휘는 제3안의 四夷舘本의 그것과는 다른 방언을 반영한다고
믿어진다.[9] 제5단 이하는 만주어를 담고 있다. 만주문어의 여러 문헌 중
에서 同文類解를 택한 이유는 이 문헌의 특수성[10]을 말하기 위해서이다.
그러나 이 표에서는 淸에서 나온 여러 만주어 문헌의 만주문어 어휘와
특별히 다른 것을 찾을 수 없다. 제6단의 淸學音은 尹昌垕의 愁洲謫錄 末
尾에 붙어 있는 18세기 만주 口語 어휘집이다.[11] 200語項 미만의 자료이
고 이 표에 관련있는 어휘도 빈약하지만 後述할 여진·만주어의 두 흐
름을 말하기 위해 함께 실어 둔다. 마지막의 新疆方言은 淸朝 乾隆代에
邊疆鎭守를 위해 중앙아시아에서 볼가江岸에 이르는 지역에 파견된 만
주군대[12]의 후손들 사이에서 아직도 통용되는 만주어의 어휘를 모은 것
이다. 山本謙吾 교수에 의해 수집·정리된 이 지방의 만주어[13]는 20세기
만주 口語의 유일한 자료로 그 가치를 높이 평가하지 않을 수 없다.

2.1. 「豆漫투먼」은 만주문어 tumen과 일치하는데 한글 표기 「투먼」이
華夷譯語의 「土滿 t'uman」「禿墨 t'umê」보다 더욱 만주문어에 가깝다는

---

6) 본 연구에서는 이 문헌을 기초로 해서 나온 Grube 1896을 텍스트로 삼았다.
7) 이에 대한 자세한 연구는 石田 1931 : 7, 20 및 李基文 1957 : 11 참조.
8) 石田 1931 : 1291-323.
9) 李基文 1958b : 347에서 會同舘本의 여진어휘가 口語를 表象한다고 하였다.
10) 金東昭 1977a : 1-6 참조.
11) 이 자료는 李基文 1973에 의해 학계에 소개되었다.
12) 이 사실은 六堂의 글에 나타난다. 崔南善 1938 : 519.
13) 山本 1969.

사실은 뒤에 말할 다른 항목과 마찬가지로 여진어휘의 정확한 語音 고찰에 용비어천가의 역할이 크리라는 전망을 준다 아니할 수 없다.

「투먼」은 용비어천가 1권 8장의 「豆漫투먼江」을 설명하는 夾註에 다음과 같이 나온다.

慶源府西有長白山 一名白頭山 山凡三層 其頂有大澤 南流爲鴨綠江 北流爲蘇下江 東流爲頭滿江 江自東良北동량뒤 歷斜地阿木河옴회 · 隨州수쥬 · 童巾퉁컨 · 多溫 · 迷暲等處至回叱家헛가 南流過蘇多魯 · 東林 · 吾籠所 · 阿吾智等處 歷慶興東流二十三里至沙次麻島 分流五里許入海 自童巾以上稱於伊後江 其下謂之頭滿江 江西南距慶源府十五里許 女眞俗語謂萬爲豆漫 以衆水至此合流故名之也

그러나 두만강의 이러한 어원 해석은 민간어원설 같은 느낌을 준다. 「투먼」은 골디어 tuma~tymù, 올차어 tumö, 솔론어 tuumuu, 퉁구스어 tuman, 몽고文語 tümen, 고대 터어키어 tümän과 대응된다.[14]

2.2. 용비어천가 5권 30장에 金太祖를 설명하는 다음과 같은 夾註가 있다.

太祖姓完顏名阿骨打⋯⋯號完顏猶漢言王也 因以爲氏⋯⋯會寧卽海古之地 金之舊土也 國言金曰按出虎 以按出虎水源於此故名金源

그런데 이 夾註는 金史의 본문을 여기저기서 인용 · 편집해 놓은 것으

---

14) 퉁구스諸語는 Benzing 1956, Poppe 1960, Ramstedt 1957 등에서 인용했음.

로, 여기 나오는 여진어휘를 용비어천가의 여진어휘로 보기에는 부적당한 것이다. 金史 末尾 金國語解에 「完顏漢姓曰王」「金曰按春」이라는 말이 있다. 完顏의 原意는 未詳하나 「猶漢言王也」란 말은 完顏氏가 왕족이 되었기 때문에 생긴 것으로 牽強附會임이 분명하다.[15] 그밖에 여진어와 만주어의 문헌에서 王의 의미를 가진 말은 모두 다른 어휘(四夷舘本에서 王 또는 罕安, 會同舘本에서 哈安, 만주문어에서 wang 또는 han, 新疆方言에서 haaN)로 대치되고 말았다.

金을 나타내는 말이 金史에 「按出虎」(卷二十四 張一, 地理志 上)와 「按春」(金國語解)의 두 형태로 나오는 것은 서로 다른 방언을 나타낸 것이라 믿어지는데 이 사실은 女直譯語의 「安出」(會同舘本)과 「安春溫」[16](四夷舘本)이 뒷받침해 주고 있다. 만주문어에서 ancun은 귀고리(耳墜)란 뜻으로 바뀌었고 金을 나타내는 말은 aisin으로 代置되었다.

2.3. 용비어천가 7권 21장에 「移闌豆漫이란투먼」을 설명하는 다음과 같은 夾註가 나온다.

斡朶里 · 火兒阿홀아 · 托溫타온 三城其俗謂之移闌豆漫 猶言三萬戶也 盖以萬戶三人分領其地故名之

「豆漫」이 數詞 萬 또는 官名 萬戶를 의미하므로 「移闌」은 三이란 뜻이 된다. 金史 金國語解에 「移賚勃極烈. 位第三曰移賚」라 하여 末音 n이

---

15) 今西 1969 : 24-6.

16) 「溫」은 末音 n의 표시이다. cf. 加渾溫 giyahūn(鷹), 阿渾溫 ahūn(兄). 金東昭 1977b 참조.

탈락된 形이 보이는데 淸學音에 「일나」가 있는 것으로 보아 동일 방언의 變動形이라기보다 다른 방언형으로 봄이 타당하겠다.

2.4. 「猛安밍간」「唐括탕고」의 原意는 千·百이었는데 용비어천가에서는 官名 千戶·百戶의 의미로만 쓰인다. 金史에는 「唐括」가 없고 「猛安」「謀克」이라는 官名만 나온다.

「斡合워허」에 대응하는 金史 金國語解의 「斡勒」는 姓氏 표기(女眞姓 「斡勒」氏를 漢姓 「石」氏로 고쳤다는 뜻임)이므로 고찰에서 일단 제외시키고, 女直譯語에서 만주문어 /we/에 대응되는 음을 「斡」 또는 「兀」로 표기하니만치(例 : 兀里昧 werime 머물다, 斡失 wesihun 위) 「돌」을 의미하는 여진·만주어는 모두 wehe로 再構할 수 있겠다.

「밍간」은 골디어 mína~miŋga~miŋgi, 올차어 miŋga, 오로치어 miŋa, 솔론어 miŋã, 퉁구스어 miŋan, 라무트어 miŋan, 蒙古文語 mingran과 대응되고 「탕고」는 골디어 taŋgu, 올차어·오로치어·우디헤어·네기달어의 taŋgu와 대응된다.

2.5. 그 괴벽스런 한글 표기로 주목되었던 「紉出闊失닌쳡시」는 용비어천가에 다음과 같이 풀이되어 있다.

紉出闊失 地名 自慶興府北行一日渡豆漫江而至 南距斡東九十里許 東距眼春一日程 其地有大澤産眞珠 其俗謂眞珠爲紉出闊失 故因名其地焉 (7卷 23張)

「紉出闊失」의 「失」는 李基文 교수의 지적[17]대로 복수어미인 듯 하고 「銀尤可」는 語頭 n音 탈락형(그러나 문헌 연대로 봐서 이것이 더 古形 이다). 「nicuhe」는 語中 n탈락형, 「泥出」는 語中 n 및 접미사 ku(또는 he) 의 탈락형으로 볼 수 있겠다.

또 「拔都바톨」은 중세 몽고어 ba'atur(勇士)의 차용어였으나 만주문 어 이후 널리 쓰였던 모양이고 華夷譯語에는 그 예가 나오지 않는다.

「바얀」은 올차어 baja, 골디어 bajá~baján, 퉁구스어 bajan, 몽고문어 bayan, 오르도스어 bajan, 고대 터어키어 bay, 츄바시어 pujan과 대응한다.

2.6. 이상 9개의 보통명사 어휘를 여러 여진 · 만주어 문헌으로 고찰 해 보고 알타이 諸語와 비교해본 결과 용비어천가의 여진어휘를 다음 과 같이 8개 再構할 수 있게 되었다.(Romanization 방법은 만주문어와 의 관계를 생각해서 대개 Möllendorff식 체계를 따른다.)

*tumen   萬

*ancu[18]   金

*ilan   三

*minggan   千

*tanggo[19]   百

---

17) 1972a : 57. 그러나 朴恩用 1972 : 174에서는 紉出(眞珠) + 闊失(구슬)로 분석했다.
18) 용비어천가의 「按出虎」는 唯一例이다. 그것도 金史의 것을 그대로 인용했으므로 「虎」자의 처리에 斷言을 내리기 어렵다.(「虎」자를 容認한다면 *ancuku를 想定할 수 있다. cf. 註20) 따라서 會同舘本의 「安出」(이 어휘는 會同舘本에 10군데나 나온다) 에 의거해 再構하는 것이다.
19) tanggo의 'o'에 문제가 있다. 華夷譯語에 의하면 'u'가 되겠으나 「括」이라는 특이한

*wehe   石

*nincuku[20]   眞珠

*bayan   富人

3.0. 四夷舘本과 會同舘本의 여진어를 서로 비교해볼 때 뚜렷한 것은 後者가 음절末에서 n음을 缺하고 있다는 사실이다. 이 점은 이미 잘 알려진 바이지만[21] 필자의 조사로는 이와 같은 어휘례가 70여개나 되었으며, 위의 9개 보통명사 어휘 중에서도 다음과 같이 해당례를 5개나 찾을 수 있다.

용비어천가	四夷舘本	會同舘本
*tumen	土滿	禿墨
*ancu	安春溫	安出
*minggan	皿干	命哈
*nincuku	寧住黑	泥出
*bayan	伯洋	拜牙

물론 「黑克」(四夷舘本) : 「恨克」(會同舘本)(만주문어 hengke '오이'에 대응), 「木剌」(四夷舘本) : 「木郎」(會同舘本)(만주문어 mulan '걸상'에 대응)[22], 「伏勒吉」(四夷舘本) : 「伏冷吉」(會同舘本)(만주문어 fulenggi

---

한자를 살려 'o'로 想定한 것이다. 만주문어 ū에 대응하는 다른 모음이 존재했을지도 모른다.

20) 「紉出闊失」도 唯一例이다. 「闊퀴」를 ku로 표기한 것은 여진어 명사에 ku 접미사가 흔했음에 근거한다. e.g. 阿里庫 alikū 盤, 者庫 jeku 苗, 伏塞古 fusheku 扇, 墨勒苦 buleku 鏡 etc.

21) 예컨대 李基文 1958b : 388-9.

22) 이 예는 李基文 1958b : 399에서 이미 지적됐음.

'灰'에 대응)과 같은 反例가 없는 바 아니나 전반적인 경향은 前者의 n음 유지가 절대 强勢이다. 이 두 문헌의 이러한 차이는 이 문헌들이 서로 다른 방언을 반영하기 때문인 것으로 추측된다. 말하자면 華夷譯語 女直譯語의 편찬 시기인 明代에 中原과 邊境지방에 분포돼 있던 2개의 뚜렷한 방언이 각각 다른 시기에(四夷舘本이 먼저 됐을 것이다), 서로 관심사가 다른 사람들(四夷舘本에는 譯字官들이, 會同舘本에는 通事들이 있었다)에 의해 採錄되었던 것이다. 필자는 이 四夷舘本이 나타내는 여진어 방언을 西部方言, 會同舘本이 나타내는 여진어 방언을 東部方言이라고 임시로 부르기로 한다. 서부방언과 동부방언을 비교해 볼 때 다음과 같은 현저한 음운 상의 차이를 지적할 수 있다. (먼저 나오는 어휘가 서부방언의 것임).

(1) 音節末 n音 有無 :「納丹----納笞」(七),「因馬剌----亦馬剌」(桑).

(2) 語中子音 탈락 與否 :「黑卜式----黑兀式」(鈷),「瑣江----素羊」
  (黃),

(3) 音節 縮約 與否 :「法阿----發」(窓),「卜羅厄林----博羅里」(秋).

그러면 이 용비어천가의 여진어휘는 이 두 방언의 어느 쪽에 더 가깝겠는가? 용비어천가의 보통명사 어휘 중 四夷舘本과 비교해 음절말 n음을 缺하는 어휘는 *ancu 하나뿐이고, 이것도 용비어천가가 편찬될 무렵의 함경북도 여진어가 아니라 金史 引用文에서 얻은 어휘에 지나지 않는다. 그러나 필자는 용비어천가의 여진어휘가 동부방언(즉 會同舘本의 여진어)에 더 가깝다고 想定하는바 그 이유는 용비어천가의 여진어휘 중에는 四夷舘本에는 없고 會同舘本에만 나오는 어휘, 또는 그 표기법이 後者에 더 가까운 어휘들이 다음과 같이 풍부하다는 사실 때문이다.

兀良哈오랑캐	(兀良哈 : 荒)	
兀剌우라	(兀剌 : 江)	[兀剌]
禿魯兀툴우	(禿魯兀 : 陰)	[禿魯溫]
阿沙아샤	(阿沙 : 小・少)	[斡速灣]
納哈出	(納哈出 : 舅)	
引荅忽인다호	(因荅忽 : 犬)	[引荅洪]
古魯구루	(苦魯 : 魚網)	
猛哥멍거	(猛古 : 銀)	[蒙古溫]
塔思	(塔思哈 : 虎)	[塔思哈]
阿木河옴회	(阿木哈 : 公)	
阿哈出어허츄	(哈出 : 猫)	
活女	(忽女 : 桶)	

※( )안은 會同舘本의 표기 및 그 의미, [ ]안은 四夷舘本의 것.

결국 용비어천가의 여진어는 會同舘本과 마찬가지로 동부방언을 주로 반영한다고 봄이 지리적으로도 近理하며 이런 전통은 淸朝 건립 이후 만주문어라는 강력한 통일언어가 나타났음에도 불구하고 우리나라에서 편찬된 淸語總解[23]에도 명백히 살아있다. 즉 淸語總解 만주어는 청나라에서 발간된 만주어 문헌에서 찾아보기 어려운 몇 가지 음운상의 특징이 있는바 그것은 (1) 음절末 n음의 탈락, (2) 有氣子音의 無氣化, (3) 語中에서의 h〉g 현상 등이라 할 수 있다.

---

23) 淸語總解란 조선조 司譯院 淸譯科에서 교재로 쓰던 三譯總解 10권, 八歲兒・小兒論 각 1권, 淸語老乞大 8권, 계 4종 20권의 소위 邦産 淸學書를 총칭해서 말한 것이다. cf. 閔泳珪 1956:5. 그러나 본 연구에서는 여기 同文類解까지 포함시켜 淸語總解라고 부르기로 한다. 池上二良교수는 한글 轉寫의 만주어가 만주어의 어떤 방언의 발음을 반영할 가능성이 있다는 견해를 발표한 바 있다.

　이런 전통은 다시 18세기 두만강 연안의 淸人들이 쓰던 만주口語를 採錄했다고 믿어지는 〈淸學音〉의 만주어에도 살아 있고, 또 黑河 지방 大五家子의 만주口語에도 나타나 있음을 필자는 확인하였다. 이제 이런 전통을 반영하는 어휘례[24]를 여러 문헌과 보고서에서 찾아보기로 한다.(예는 2, 3개만 들고, 대응되는 만주문어와 그 의미를 함께 적어 둔다.)

　(1) 음절말 n의 消失

　　　훈타하(同文類解 下 13b)　　　　　hūntahan 술잔
　　　아하툼비(同文類解 下 33b)　　　　ahantumbi 종처럼 부리다
　　　골미(淸學音 44)[25]　　　　　　　　golmin 길다
　　　고시(淸學音 119)　　　　　　　　　gūsin 설흔
　　　kūlmagho(大五家子方言)　　　　　gulmahūn 토끼
　　　indagho(大五家子方言)　　　　　　indahūn 개
　　　yava(大五家子方言)　　　　　　　yafan 밭

　(2) 有氣子音의 無氣化

　　　madaga(三譯總解 1,5b)　　　　　　madaka 넓다, 퍼지다
　　　베권(同文類解 上 5b)　　　　　　　beikuwen 춥다
　　　벅더박다(同文類解 下 57b)　　　　bekte bakta 倉卒
　　　오부라가(淸學音 5)　　　　　　　　ufaraha 죽다
　　　어비메(淸學音 15)　　　　　　　　efime 놀다

---

24) 이 중 淸學音의 어휘는 李基文 1973에서, 五大家子의 어휘는 河野 1944에서 인용했다.
25) 淸學音 뒤의 숫자는 淸學音에 실린 만주어휘의 일련번호이다.

잘기 (清學音 85)	cargi 저편
싯구 (清學音 169)	siseku 체[篩]
mava(大五家子方言)	mafa 할아버지
ōvoro(大五家子方言)	oforo 코
오부로(清學音 152)	oforo 코

(3) h>g 현상

betge(三譯總解 3.21b)	bethe 발
벗거(清學音 154)	bethe 발
isgung(三譯總解 5.14a)	ishun 서로
빗거(清學音 16)	bithe 글
윗가(清學音 161)	usiha 별
kūlmagho(大五家子方言)	gulmahūn 토끼
eghe(大五家子方言)	ehe 나쁘다
sawagha(大五家子方言)	sabuha 보다
abdagha(大五家子方言)	abdaha 잎

우리나라에서 나온 淸語總解는 만주문어를 충실히 가르치기 위한 교과서임에도 불구하고 이런 東部方言的 특성을 깨끗이 버리지 못하고 있음은 이 방언의 특성이 그만큼 우리나라 사람에게 인상적이었기 때문이라 할 수 있겠다. 이에 반해 新彊方言은 위의 특성을 지니지 않는다. 따라서 필자는 여러 문헌[26]을 참조한 끝에 여진·만주어의 系統圖를 다

---

26) 이 도표 작성에 참고한 문헌은 後漢書 東夷傳, 北史 勿吉傳 및 李基文 1958b·

음과 같이 그려 보기로 한다.

(분명히 別個의 언어였던 渤海語와 靺鞨語는 발해가 망한 후 여진족의 언어에 流入되었다. 여진족이 12세기초에 金國을 세우고 燕京으로 移都한 이후의 그 언어를 金語라 했고 그 이전 吉林省 會寧을 근거로 하던 여진족의 언어를 古女眞語라 했다.)

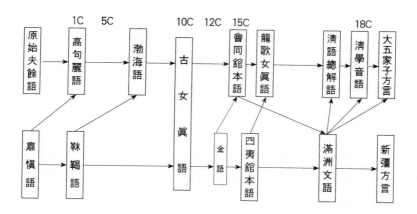

4.0. 용비어천가의 여진어휘는 정밀한 表音文字인 한글로 表寫된 여진어휘라는 점에 의의가 있다. 뿐만 아니라 한자와 倂記를 했으므로 한자로 표기된 華夷譯語의 여진어휘의 정확한 음을 아는 데도 크게 기여할 수 있는 자료가 된다. 四夷舘本과 會同舘本의 한자 표기 여진語音을 올바로 알기 위한 자료로 용비어천가의 여진어휘를 표기하는 데 사용된 한자와 그 한글 音을 아래에 정리해 둔다.

哥거·워   家가   訶하

1972b·1973, 河野 1944·1945, 山本 1969, 石田 1931, Grube 1896, 金東昭 1977a 等이다. 특히 河野 1945 : 172와 李基文 1972b : 41의 도표가 크게 참고되었다.

可兒컬	看컨	甲갸
剛강	改개	巾컨
乞키	高고 · 갈	古구 · 고
括고	括兒골	貴귀
歸후	肯컨	其기
只기	那나	暖넌
難난	南남	奴누
紉넌	荅다	荅다 · 답 · 더
唐탕	都두 · 톨	禿투
禿魯툴	突돌	洞툰
東동	童퉁	豆투 · 두
屯툰	頓툰	刺라 · 러
闌란	蘭란	郎랑
良량 · 랑	列러	魯루
綠로	論론	里리
隣린	麻머	莫모
漫먼	猛멍 · 밍	面면
木무 · 모	木兒물	門문
孛보	發버	拔바
伯바	甫亦획	卜兒불
不부	比비	沙샤
斯ᄉ	相샹	常샹
先샨	薛서	薛列설 · 서러
成칭	速소 · 수	孫순

時시	神신	失시
實시	實眼샨	牙야
阿아 · 어	阿木옴	安간
顔얀	眼얀	斡오 · 위
關어	也야	洋연
楊양	奧알	玉유
溫온	兀오 · 우	兀兒올 · 월
完원	雲운	威울
移이	引인	耉져
猪쥬	赤치	狄디
的遏더	田텬	朱쥬
住쥬	州쥬 · 쥐	眞진
帖터	春츈	出ㅊ · 츄
朶도	托타	灘탄
塔타	泰탸	土투
通툰	婆포	八兒발
平핑	下하	河회
罕헌	合허	哈캐 · 하 · 허 · 거 · 카
海해	奚히	嫌혐
夾갸	胡후	忽호 · 후 · 훌
洪흥	化혜	花허
火失횟	火兒훌	闊쿼
闊兒콜	厚叱홋	

(용비어천가의 여진어 지명 · 종족명 · 인명에 대한 연구는 別稿로 다룬다.)

참/고/문/헌

• Benzing, Johannes. 1956. *Die tungusischen Sprachen*. Versuch einer vergleichenden Grammatik, Ak. d. Wiss. u.d. Lit., Abh. d. Geistes u. Sozialwiss. KI., Jg. 1955. no.11. Wiesbaden: Otto Harrassowitz.

• Deny, Jean. 1924. "Langues tongouzes". *Les langues du monde*, édité par Antoine Meillet et Marcel Cohen. Paris: Librairie Ancienne Edouard Champion. 234-43.

• Grube, Wilhelm. 1896. *Die Sprache und Schrift der Jučen*. Leipzig: Kommissions-Verlag von O. Harrassowitz.

• Poppe, Nicholaus. 1960. *Vergleichende Grammatik der altaischen Sprachen*. Teil 1. Vergleichende lautlehre. Wiesbaden: Otto Harrassowitz.

• Ramstedt, Gustsf John. 1957. *Einführung in die altaishe Sprachwissenschaft*. 1. Lautlehre. MSFOu 104. Wiesbaden: Otto Harrassowitz.

• 今西春秋. 1969. "MANJU 雜記 1." 「朝鮮學報」(天理大學 朝鮮學會) 51 : 19-35.

• 金東昭. 1977a. 「同文類解 滿洲文語語彙」.(倭舘 : 분도出版社).(油印)

• _____. 1977b. "北青女眞字石刻의 女眞文 硏究." 「국어국문학」 76 : 1-16.

• 閔泳珪. 1956. "解題." 「小兒論 · 同文類解 · 八歲兒 · 三譯總解」(서울 : 延禧大學校 東方學硏究所). 1-10.

• 朴恩用. 1972. "金語硏究." 「亞細亞學報」(서울 : 亞細亞學術硏究會)

10 : 77-184

- 山本謙吾. 1969.「滿洲語口語基礎語彙集」.(東京外國語大學アジア・アフリカ言語文化研究所).

- 石田幹之助. 1931. "女眞語研究の新資料."「桑原博士還曆記念東洋史論叢」(東京 : 桑原博士還曆記念祝賀會) 1271-323

- 李基文. 1957. "朝鮮舘譯語의 編纂年代."「文理大學報」(서울大學校 文理科大學 學藝部) 8 : 10-18

- _____. 1958a. "만주어 문법."「한글」123 : 89-97.

- _____. 1958b. "中世女眞語音韻論研究."「서울大學校論文集 人文社會科學」7 : 343-95

- _____. 1972a.「國語音韻史研究」. 韓國文化研究叢書 13. (서울大學校文理科大學 韓國文化研究所).

- _____. 1972b.「改訂國語史概說」.(서울 : 民衆書館).

- _____. 1973. "十八世紀의 滿洲語方言資料."「震檀學報」36 : 101-32.

- 崔南善. 1918. "稽古剳存."「六堂崔南善全集」(高麗大學校亞細亞問題研究所 六堂全集編纂委員會. 1973) 2 : 14-42.

- _____. 1938. "松漠燕雲錄."「六堂崔南善全集」(高麗大學校亞細亞問題研究所 六堂全集編纂委員會. 1973) 6 : 493-633.

- 河野六郎. 1944. "滿洲國黑河地方に於ける滿洲語の一特色."「學叢」(京城帝國大學 法文學部) 3 : 190-215.

- _____. 1945.「朝鮮方言學試攷──『鋏』語考──」. 京城帝國大學文學會論纂第十一輯.(京城 : 京都書籍株式會社京城支店).

[실린 곳]《국어교육연구》(대구, 경북대학교 사범대학 국어교육과) 9집 (1977. 12.) p.p. 91-105.

6. 北靑 女眞字石刻의 女眞文 硏究

I

함경남도 北靑은 본래 고구려의 옛 땅으로 오랫동안 여진족에게 점거되어 오다가 고려 睿宗 2년에 尹瓘에 의해 비로소 고려에 편입되었는데[1] 고려 편입 이후에도 여진족들의 근거지였고 또 지방 司譯院 중에서는 이곳의 女眞學 生徒數가 가장 많은 곳으로 보이[2] 전국에서 女眞學이 가장 성했던 곳임을 알 수 있다. 이러한 곳에 零星하기 짝이 없는 女眞字 연구 자료[3]의 보탬이 될 여진자 石刻이 남아 있다는 것은 조금도 우연한 일이 아닐 것이다.

함경남도 북청읍에서 동으로 三里餘를 가면 俗厚面 蒼城里[4]가 되고

---

1) 本高句麗舊地 久爲女眞所據 高麗睿宗二年 遺尹瓘逐女眞置九城 時稱號未詳(新增東國輿地勝覽 卷49 張17 北靑都護府條)

2) 女眞學 義州五 昌城五 北靑十 理山五 碧潼五 渭源五 滿浦五(經國大典 卷之三十九 · 二十張 禮典 生徒條)

3) 현존 여진자 자료는 石田 1931:1271-7의 목록에서 더 추가된 바 없다.

4) 朝鮮總督府 1919 p.553에는 이 石刻의 소재지가 咸鏡南道 北靑郡 僞厚面으로 되어

이곳에 城串山城[5]이라고 불리는 古壘가 있는바 이 古壘에 가까운 叢石 중의 하나에 높이 4자, 폭 2자, 글자 직경 2치의 크기로 새겨진 5行의 女眞小字 석각이 있다 한다.[6] 필자의 管見으로는 2명의 관광객이 이곳에 온 기념으로 남겼다고 믿어지는 이 석각은 관광객의 즉흥적인 솜씨 그대로 무척 疎拙한 筆致의 여진자 석각으로 그 字數는 필자가 判讀한 바에 의하면 總 50字 未滿으로 추측한다.

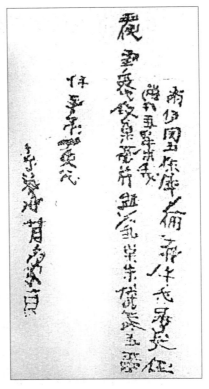

본 연구는 얼마 안 되는 여진자 연구 자료의 하나이면서도 아직 국내외를 통해 본격적인 解讀이 되지 못한 채 남아 있는 이 북청 여진자 석각의 여진문을 해독하고자 한 것이다.[7] 이 석각의 實物을 본 적이 없는 필자는 朝鮮總督府에서 1919년에 발간한 朝鮮金石總覽 上卷 p.

있는데 이것은 俗厚面의 誤植인 듯하다.

5) 龍飛御天歌에 나오는 「잣곶」이 이곳일까?

太宗十六年 陞爲咸興府 別號咸平 其山鎭曰城串잣곶(4卷 21張)

城串 山名 在咸興府北 府人稱爲鎭山 山腰有小泉 雲起則雨(5卷 36張)

6) 稻葉 1930 : 22~24 및 朝鮮總督府 1919 : 553.

7) 필자가 아는 한 이 북청 여진자 석각의 여진문 해독을 시도한 이는 稻葉岩吉 교수뿐이다. cf. 稻葉 1930. 이밖에 鳥居龍藏의 해독(1913 ?)이 있다 하나 未見이다.

553의 拓本 사진과 史學者인 稻葉岩吉 박사가 1930년 靑丘學叢 2號에 발표한 논문 "北靑城串山城女眞字摩崖考譯"[8] p.25에 실린 석각 全景 사진을 자료로 삼았다.

II

아래에 이 북청 여진자 석각의 여진문 全文을 적고 필자의 해독을 붙인다. (Ⅰ)(Ⅱ)等 로마 숫자는 석각의 行을 말하며 後續 女眞字는 위의 2가지 사진을 기초로 하여 필자가 判讀한 것이다.

A의 漢字는 明의 四夷館, 또는 淸의 四譯館에서 編撰됐다고 믿어지는 華夷譯語 중의 女直譯語에 나오는 여진자 音寫字이다. 周知하다시피 이 四夷館本 華夷譯語 女直譯語(以下 四譯館本語로 略稱)는 여진 문자와 그 音譯漢字 및 의미가 함께 기록된 유일한 문헌으로 여진자를 쉽게 해독할 수 있게 해 주는 귀중한 자료이다. 필자는 이 四譯館本語를 底本으로 하여 이룩된 Grube 교수의 *Die Sprache und Schrift der Jučen*을 통해 필자가 판독한 本 석각의 여진자 讀音을 추정한 것이다.

B는 A의 漢字音으로서 이 寫音은 Grube의 연구에 의한 것이다. Grube 교수의 上揭書에 기록된 대로를 옮긴 것인데 Grube시대(1896년에 Grube교수의 上揭書가 출판됨)의 北京音을 따른 것으로 믿어진다. 明의 永樂 5년(1407년)에 四夷館이 설치되고 이것이 淸의 順治 元年(1644년) 四譯館으로 改稱된 이후까지 3~400여년에 걸친 기간 동안 편

---

8) 稻葉 박사는 이 논문에서 女眞字 45字를 判讀하고 여진어휘 21語를 解讀했다. 이에 반해 필자는 본 연구에서 47字 27語를 해독했는데 稻葉박사와 견해가 다른 것이 6字 12語이다. 본 연구에서 稻葉 박사의 해독을 비판하는 일은 하지 않는다.

찬·改修된 이 華夷譯語의 한자음은 明·淸代의 近代音일 것인데, 이것
은 19세기 Grube 시대의 한자음과 큰 차이가 있다고 생각되지 않으므
로 Grube의 寫音을 그대로 따르더라도 큰 거리는 없으리라 믿는다.

C는 四譯館本語가 文語를 反映하는 데 반해 口語를 반영한다고 믿어
지는[9] 會同館本 華夷譯語 중의 女直譯語(以下 會同館本語로 略稱)에
서 필자가 해독한 여진어휘에 해당하는 어휘를 뽑아 본 것이다. 이 작업
은 여진어 再構의 正確化와 여진어의 通時的 연구에 필요하다고 믿어
서 한 것이다. (C語는 A語보다 더 발달한 後代의 언어임에 틀림없다.)
여기 사용한 會同館本語 텍스트는 주로 石田幹之助의 자료(靜嘉堂文庫
所藏本)[10]이다.

D는 C의 字音이다. 轉寫體系는 B와의 관계를 고려하여 비슷한 記號
를 援用했고 明代의 한자음을 최대한 참고했다. 그러나 B에서 사용된
각종 符號는 되도록 생략했다.

E는 A, B 및 C, D의 女眞語音을 기초로 하고 滿洲文語와 餘他 Tungus
諸語를 참고로 하여 필자가 再構해 본 女眞語이다. 이 再構에는 四譯館
本語와 會同館本語가 서로 別個의 方言을 反映할지도 모르므로 後者보
다 前者를 더 重視하기로 한다. Roma字 表記方法은 滿洲文語와의 관계
를 고려하여 대체로 Möllendorff式 표기법을 따랐다.[11]

F는 판독된 여진문에 대한 필자의 逐字的 해석이다.

G는 對應된다고 믿어지는 滿洲文語이다. 표기법은 Möllendorff式이
다.

---

9) cf. 李基文 1958b:346-7
10) cf. 1931:21-53
11) 또 山路 1956의 表記도 參考로 했다.

(Ⅰ) 甬侈 囷土彔屛 侑 弅斥 乇 旲夬 辻

A. 瑣戈　國 倫你希　一稜 良 安 一兒化 和 尚

B. sò kuō kuôh lûn nī　hī yīh-léng liâng 'ān yīh-rh huá hou šáng

C. 素羅斡　　　　亦

D. su-lo-wo　　　-i

E. Sogo　gurun-ni hiei-lioi-lang Ilhua Huašang

F. 고려　나라의　協 律 郎　一化　和尙(과)

G. Solgo gurun-i alioi hūwaliyasi Ilhūwa Hūwašan

(Ⅱ) 肖戊　五　帯　朱 产

A. 騠孩　皿干 和朶 一十 別

B. k'ō hai　ming-kan huô-tò　yih-šîh　piêh

C. 　　命 哈　換多 亦失 必

D. 　　ming-ha　huan-to　i-shih-pi

E. Koha　Minggan　Hodo　i-si-bi

F. 苦河　　猛安　松(이)　到着하다

G. Kuho　Minggan　Holdon　isimbi

(Ⅲ) 柬伐 王夬戈 玫半 夅屛 血亩半

A. 諸勒 公肯 失 伏 朶 安 高　住 兀朶

B. ču léh kūng k'én ših fûh tò 'an kāo čú wúh tò

　　朱屛 五 帯

　　一十希 皿干 和朶

　yih-ših hi mīng-kān huô-tò

C. 勒珠革　失　昻哈　住得

D. chu-lê-kê -si 'ang-ka chu-te

　亦 失 哈 命 哈 換 多

　i-shih-ha ming-ha huan-to

E. jule Gungken-si fudo an-ga juu-do isihi Minggan Hodo

F. 남쪽 洪肯에서 府都 어귀 길에 도착한 猛安 松(은)

G. juleri Gungken-ci fudu angga jugūn-de isiha Minggan Holdon

(Ⅳ) 仟 旵 臾 亡

A. 朶 課 斡 黑 禿 魯

B. tò-k'ō wôh hēi t'ūh-lù

C. 多 課 兀 黑 托 剌

D. to-k'o wu-hê t'ola

E. Doko Wehe turu-

F. 內 岩(을) 보다

G. Doko Wehe tuwambi

(Ⅴ) 朱 仒 癸 弅 乑 月 仒 日

A. 哨 江 塔 思 哈 阿 捏 納 丹 必 阿 只 兒 歡 一 能 吉

B. sò kiāng t'áh-sī-hāh 'á-niēh náh-tān pīh-'á čí-rh-huān yih-nêng-kīh

C. 素 羊 塔 思 哈 阿 捏 納 荅 別 拙 兒 歡 能 吉

D. su-yang t'a-szū-ha 'á-nieh na-ta pieh cho-êr-huan nêng-ki

E. Sogiang tasha anie nadan bia jirhuan inenggi

F. 누렁 범 해 7 월 12 일

G. suwayan tasha aniya nadan biya juwan juwe inenggi

III

1. 瑣戈(Sogo)

몽고어의 Solonggos, 만주문어의 Solgo, Solho와 마찬가지로 우리나라를 指稱하는 말이다. Solho가 斯盧에서 왔으리라고 추측되었으나 瑣戈의 출현으로 그 추측은 잘못된 것처럼 느껴진다. 瑣戈의 女眞字는 四譯館本語에만 나오므로 그 音을 확정 짓기 어려운데, 餘他 女眞字金石文에도 이 말은 나오지 않아 北靑碑의 史的 가치는 이 瑣戈의 기록만으로도 훌륭히 인정할 수 있음을 稻葉교수가 지적한 바 있다.[12] 戈에 해당하는 여진자도 四譯館本語에 단 두 번 나오는데 그것도 한 번은 [戈羅 goro]로 읽혀진다.[13] 따라서 瑣戈와 Solgo의 관계를 이야기한다는 것은 현재로서는 無理라 아니할 수 없다.[14]

2. 國倫你(gurun-ni)

滿洲文語의 일반적인 屬格형태가 -i이고 /ŋ/뒤에서 ni로 實現됨에 반해 四譯館本語에서는 ni(你)가 아주 널리 쓰였던 듯하다.

國倫你(gurun-ni)王	國王
黑車你(hece-ni)	城
密你(mini)	我

---

12) 稻葉 1930:27, 40.
13) Grube 1896:18, 37.
  瑣戈 高麗, 戈羅斡遠
14) 山路 1956:39에서는 瑣에 해당하는 女眞字를 [sol]로 읽고 瑣戈를 Solho로 讀解했다.

厄本你哥塞(emu-ni gese)　　　一般
厄然你(ejen-ni)府　　　　　主輔

反面 會同館本語에서는 [亦 i]로 나타난다.

天河　　　　　　阿瓜亦必刺(abkai bira)
不要奪人財物　　兀墨捏麻亦兀力都力勒(ume niyalmai ulin durire)

國倫에 해당하는 말은 會同館本語에 보이지 않는다.

3. 希一稜良安

全文을 통해 가장 難解한 語句로서 女眞字 判讀 자체가 잘못 되었을
지도 모른다. 良安은 분명히 「郞」의 表音인 것 같은데 이런 식의 表音法
은 여진어에 흔히 있다.

兀稱因(uksin)　　　甲
哈稱因(hacin)　　　節 · 物
阿渾溫(ahūn)　　　兄
罕安(han)　　　　王
N.B. 侍剌安　　　　侍郞

良安이 「郞」의 表音이 확실하다면 이것은 벼슬 이름일 가능성이 커지
므로 우선 協律郞으로 읽어둔다. 協律郞은 漢淸文鑑 2卷 23張 臣宰條에

協律郎=協和音律者(alioi hūwaliyasi)

kumun i mudan be kimcime acabure niyalma

(樂音을 잘 알아 調合하는 사람)

으로 설명되어 있는데 우리나라에서는 掌樂院에 속한 관리였다.

4. 一兒化

法名「一化」로 暫定한다. 化의 滿音 hūwa는 여진어에서는 아직 모음 間의 w-가 발달하지 않았으므로 hua로 표기해야 할 것이다.[15]

5. 和尙(huašang)

和尙은 滿洲文語에서 hūwašan으로 나타난다. ua 〉 ūwa는 前條에서 설명된 대로이고, ng 〉 n은 侍剌安·都因 등 末音 n表記가 있는 것으로 미루어 滿洲文語에 들어와서 이뤄진 듯하다. 또 滿洲文語에 共同格助詞 가 없듯이 女眞語에도 보이지 않는다.

6. 騤孩 皿干(Koha Minggan)

皿干은 金代의 官名 猛安을 나타낸 말로써 원래는 千이라는 의미의 數詞였으나 金史 兵志에 의하면[16] 千夫長이란 뜻으로 사용됐음을 알 수 있다. 騤孩는 뜻을 짐작하기 어려워 金史에 나오는 苦河猛安으로 想定

---

15) 李基文 1958:387, 金東昭 1975:87.

16) 其部長曰孛董 行兵則稱曰猛安謀克 從其多寡以爲號 猛安者千夫長也 謀克者百夫長
也(金史 44卷 2張)

하지만[17] 河의 音에 다소 無理가 있다.[18] 龍飛御天歌 7卷 22張에 나오는 參散猛安 · 甲州猛安 · 洪肯猛安들처럼 驛孩도 地名이라고 생각되지만 확실한 것은 아니다.[19] 會同館本語는 命哈에서 볼 수 있듯이 終尾音 n을 缺하는 것을 그 특색으로 하고 있다.[20]

7. 和朶(Hodo)

女眞人의 이름으로 想定한다. 이에 해당하는 女眞字는 四譯館本語에 꼭 한 번 나오는데 和朶莫(松)라고 莫(=moo, 木)와 合成語로 되어 있다. 會同館本語에는 松을 換多(Huanto)로 표기하고 있는바[21] 이것이 滿洲 文語의 holdon, Goldi語 kóldong, Ulcha語의 koldo에 각각 대응한다면 Tungus語學에서 말하는 ld->-nd-의 변화를 여기서도 엿보게 하는 것이다.[22] 다만 만주문어의 형태가 오히려 古形을 유지한다는 것은 재미

---

17) 移剌福僧 東北路 烏連苦河猛安人(金史 104卷 10張)

18) 그러나 滿洲文語 및 Tungus諸語의 ha에 對應되는 音을 孩[hai]로 表寫한 例가 여진 어에 없는 것은 아니다.

四譯館本語 : 虎剌孩捏兒麻 [hū-lâh-hāi nīeh-rh-mâ](賊人)

會同館本語 : 忽魯哈捏麻 [hu-lu-ha···](賊人)

滿洲文語 : hūlha(盜賊)

Goldi語 : xolxá(도둑)

Solon語 : xulxa(훔치다)

cf. 蒙古文語 : gulara(훔치다)

19) 稻葉 1930:29에서 이 苦河를 鴨綠江의 別名일지도 모른다 했다.

20) 李基文 1958:388

21) 이 밖에 金史에는 桓端 · 喚端 · 活里瞳 · 解魯短 등의 異表記가 있다. 桓端 松 (二十四史 金史 金國語解) 桓端 松, 桓端 卽 holdon 和勒多因(二十五史 金史 金國 語解) holdon和勒端 果松也 卷十五作桓端 卷六十六作喚端 卷八十二作活里瞳 卷 一百二十作解魯短 倂改(欽定金史語解 8卷 9張)

22) 換多 · 桓端 類가 滿洲文語 holdon에 對應하지 않는다는 견해도 있다. cf. 朴恩用 1972:180.

있는 일인데 이것은 여진어 시대부터 -nd-, -ld-, -ɸd-의 여러 方言形
이 있었기 때문인 것으로 推理된다. 松이란 뜻을 가진 이름이 金史 列傳
完顏希尹條의 「完顏希尹 本名谷神 歡都之子也」(73卷 13張)를 비롯하
여 역시 金史 列傳 중의 紇石烈桓端(103 : 14), 忽覩(120 : 3), 僕散師恭
本名 忽土(132 : 8), 그리고 滿文老檔에 Holdo(67 : 30), Hoto 和托(70 :
31, 70 : 42, 79 : 6, 81 : 31 등), Hoto Bayan 和托巴顏, Hondai, Hūwandai
등으로 흔히 나타난다.

8. 一十別(isibi)

一十이 滿洲文語動詞語幹 isi-에 대응됨은 쉽게 짐작할 수 있고 別 및 必
는 만주문어 동사 기본형어미 –mbi의 前型인 –bi로 봄이 妥當할 것이다.[23]

9. 諸勒(jule)

이 말과 관계되는 어휘를 여러 문헌에서 찾아 표로 정리해 보면 다음
과 같다.

	四譯舘 本語	會同舘 本語	漢淸 文鑑	同文 類解	淸學 音[24]	新疆 方言[25]	大五家子 方言[26]
東	諸勒失	受溫禿 黑勒革	dergi wesihun	덜기	쟈발기	viarixi	

---

23) cf. Grube 1896:X. Der mandsch. Aussageform auf –bi entspricht das Suffix –piĕh.
   朴恩用 1972:158. "滿洲語의 不定語尾에 該當하는 –mbi가 女眞語에서는 別로 表記
   되었고…… -mbi는 m+bi 또는 n+bi 〉 mbi와 같이하여 이루어진 것으로 알고 있다."
24) 李基文 1973에 依함.
25) 山本 1969에 依함.
26) 河野 1944에 依함.

西	弗里失	受溫禿提勒革	wargi wasihun	왈기		dirixi	terigi, derigi
南	番替	珠勒革	julergi	쥬렁기	왈기	julərixi, juləxə	
北	兀里替	伏希革	amargi	아말기	덜기	'amərixi	
上	斡失	得勒	dergi, dele	더러, 워시훈		vesəxun	
下	弗只勒	伏職勒 襪革得	fejergi, fejile	버지러, 버절기		fejərəxi	fejergi
前	諸勒	住勒革[27]	juleri	쥬러리	둘월기	julərixi, juləxə	
後	阿木魯該	阿木剌	amala	아마라	아말례, 아말기	'amərixi	

이 표에 의하면 四譯館本語에서는 東과 前의 音相이 비슷하고 會同館本語에서는 南과 前의 音相이 비슷하여 前者의 東이 後者의 南으로 되어버렸음을 알겠다. 이런 變動形은 만주문어에 그대로 전해져서 漢淸文鑑·同文類解에서는 南과 前이 같고, 또 東과 上, 北과 後가 같은 音相이다. 한가지 흥미 있는 것은 여진어의 上에 해당하는 두 어휘 斡失와 得勒가 만주문어에 와서 모두 東과 上을 나타내는 두 어휘로 合流되어 버린 점인데 이런 사실은 四譯館本語와 會同館本語가 각각 서로 다른 方言을 反映할 가능성을 크게 한다. 그리고 會同館本語의 下를 나타내는 襪革得도 만주문어의 西로 되어버렸다. 方位語의 변동은 淸學音에 와서 그 極에 달한 듯한 느낌을 주는데, 여기서는 만주문어의 東과 上이 北으로, 西가 南으로 바뀐다. 滿洲口語에서는 다시 만주문어의 東과 西가 서

---

27) 阿波國文庫 所藏本에는 住勒으로 되었다.

로 바뀌었다.[28] 한국 · 일본어에서도 그렇고 퉁구스諸語에서 前方을 뜻하는 단어가 南 또는 東을 의미하는 일이 많은데 여기서는 다음에 나오는 洪原의 위치로 보아 南方으로 해석하는게 타당할 것 같다.[29]

10. 公肯失(Gungken-si)

公肯은 洪原의 古稱 洪肯 · 洪獻(新增東國輿地勝覽 49 : 31) 또는 紅坑(世宗實錄地理志 155 : 2), 홍컨(龍飛御天歌 4 : 21)을 나타낸 것으로 본다. 稻葉岩吉 교수는 尹瓘九城의 하나인 公嶮鎭이란 이름도 이 公肯과 관련 있을지 모른다고 보았다.[30] 失는 滿洲文語 脫格助詞(Elativ) -ci에 대응하는 말로 보고 얼마 밝혀지지 않은 여진어 格助詞 중의 하나로 想定하여 *si로 再構해 둔다. 女眞語 -si〉 만주문어 –ci의 예로는 다음과 같은 것을 들 수 있다.

失別洪 · 失別忽 〉cibin(燕) · cibirgan(燕雀)
失亦黑 · 舍徹 〉cecike(雀)

또 만주문어의 amasi, julesi의 –si도 이 格助詞의 化石形이 아닌가 생

---

28) 新疆方言과 滿洲文語의 東西의 뒤바뀜에 대해 李基文 교수는 新疆方言 사용자가 西로 移住한 사실에 의해 설명하려 했으나(cf. 李基文 1973:110) 중국 동쪽인 滿洲 黑河省 大五家子方言에서도 뒤바뀐 것으로 보아(cf. 河野六郎 1944:202) 現代滿洲口語로 넘어올 때의 意味變化로 설명되어야 할 것이다.

29) 洪原의 위치 문제가 아니라도 우리나라 邊境의 여진 · 만주어는 會同館本語系의 것으로 추정된다. 필자는 古代女眞語 · 會同館本語 · 龍飛御天歌 女眞語 및 滿文老檔 · 淸語總解 · 淸學音 · 大五家子方言의 만주어 계열과, 四夷館本語 · 滿洲文語 · 新疆方言으로 연결되는 여진 · 만주어 계열의 兩流를 확신하고 있다. cf. 金東昭 : 龍飛御天歌의 女眞語彙 硏究(未發表).

30) 稻葉 1930:31

각된다.

> cf. 額吉阿木失賽木力忒得墨丟 ere amasi sain morin tucibumbi 今後進
> 好馬來

11. 伏朶(fudo)

府都라는 한자어의 女眞音으로 想定한다. 府都는 北青都護府를 指稱
하는데, 北青이 都護府로 昇格된 것은 朝鮮朝 世宗때였지만[31] 이미 恭
愍王때 萬戶府가 있었고[32] 또 府都가 꼭 都護府를 의미한다기 보다 큰
고을이라는 뜻으로 해석함이 타당할 것이다. 「府」字는 四譯館本語에서
그 音이 [府 fu]로 寫音되어 있으나[33] 사실상 弗・府・撫・副・伏 [fu]
[fuh]가 서로 通用되고 있으며 또 이와 같이 同音字 또는 類音字의 通用
이 여진어에서는 흔한 일이고 만주문어에서도 「府」字가 [fu]로 읽히고
있으므로 府의 女眞音을 [伏 fu]로 想定함에 대한 異論은 없으리라 믿
는다. 「都」字는 四譯館本語에서 [都 tū]로 읽히는 例가 하나 있지만(cf.
都堂 [都塔安 tū-t'ảh-'ān]), 漢字 [朶 tò] [都 tù]로 表音되는 女眞字가 만
주문어의 -do-, -du-, -tu- 등에 불규칙하게 대응되는 점으로 미루어
「都」의 音을 [do]로 想定함에 큰 무리가 없다고 본다.

> 團朶 〉*tuando 〉tondo   忠

---

31) 世宗九年 改爲都護府(新增東國輿地勝覽 49：18).
32) 恭愍王丙申復雙城舊境置安北千戶防禦所 壬子改北青州萬戶府 本朝太祖戊寅改青州
    太宗丙申改今名 以與淸州牧同音也(世宗實錄地理志 155：4)
33) cf. Grube 1896:3.

朵羅 〉*dolo 〉dolori   內

亦宣都 〉*ishundu[34] 〉ishunde   相

厄都溫 〉edun   風

晚都洪 〉untuhun   虛

또 *fudo 〉fudu처럼 여진어 o와 만주문어 u가 대응되는 예는 흔히 있다.

斡失哈 [wôh-ših-hāh] 〉usiha 星

托哈 [tʻo-ha] 〉tuwa- 看

脫委 [tʻōh-wèi], 他 [tʻo] 〉tuwa 火

拙 [čōh] 〉juwe 二

莫答 [mota] 〉mudan 灣

莫戮斡 [mo-chʻo-wo] 〉mucu 葡萄

瑣羅 [sò-lò] 〉sula 閑

約約眛 [yōh-yōh-méi] 〉yuyumbi 饑

12. 安高(an-ga)

原意는 입(口)이라는 의미였다. 四譯館本語에서 입을 뜻하는 말은 安哈 [ʼān-hāh, ʼān-kā]였는데 [高 kāo]音에 無理가 없는 바 아니나 [哈 kā]와 通用될 수 있다고 본다. 이 낱말은 만주문어 angga에 대응되는데 n의 ŋ으로의 同化가 四譯館本語에서는 아직 일어나지 않았다는 假定下에

---

34) 여진어의 母音間子音結合 중 -sh-가 있었는지는 確實치 않다.
　　塔思哈 〉tasha 虎
　　伏塞吉 〉fusheku 扇

an-ga로 表記하는 것이다.[35)]

angga의 의미는 다음과 같이 2가지가 있다.

　　□　입 angga: niyalmai gisurere jetere ba(사람의 말하고 먹는 곳)

　　　　　　　　　　　　　　　　　　　　　　　(漢淸文鑑 5 ; 50)

　　口子·어귀 angga: furdan kamni(關口) (漢淸文鑑 9 : 22)

13. 住兀朶(juu-do)

「길(路)에」라고 해석된다. 만주문어 jugūn이 住兀 또는 住에서의 발달로 보기는 어렵고, 차라리 jūgun이 古形을 유지한 형태이며 住兀·住들은 만주문어에 와서 死滅돼 버린 어떤 女眞語方言으로 봄이 타당할 것이다. 다음과 같은 여진어 處格助詞(Lokatif) *-do, *-du의 존재는 이미 여러 학자들이 지적한 바다.[36)]

　　伏灣朶 〉*fuan-do 〉fon-de 時
　　卜阿朶 〉*bua-do 〉ba-de 地面
　　亦宣都 〉*ishun-du 〉ishunde 相
　　阿捏阿捏得〉*anie-anie-do 〉aniya aniya-de 年年

14. 一十希(isihi)

---

35) 四譯館本語에는 ang을 表音한 漢字(예컨대 「昻」字)가 사용된 바 없기 때문에 類音字로 표기했을 가능성은 있다. 그러나 다음 예로 보아 n/ŋ의 구별은 명백했던 듯하다.
　　嫩江 [nénkiāng] 靑 niowanggiyan
　　一能吉 [yihnêngkíh] 日 inenggi
36) Grube 1896:X, 李基文 1958:355f.

一十은 前出(8). 語尾로 보이는 希는 만주문어 -ha, -he, -ho, -ka, -ke, -ko로 實現되는 {-ha}[37]의 一種이 아닌가 생각된다. 이런 用例로 다음과 같은 것을 들 수 있다.

撤希　　知 *sahi

忒忒希　被 *tetehi (?)

만주문어의 語尾 {-ha}는 終止形·連結形·連體形·名詞形을 형성하는데[38] 여기서는 連體形이 될 것이다. 또 다음의 吉[gi]도 이 希[hi]와 同類일 듯하다.

的黑黑吉　　　　歸

替孩吉　　　　　隨

弗里隨古里吉　　行移

端的孫扎失兒吉　聽令

忽剌吉　　　　　換

一十希 뒤의 1·2字가 判讀이 되지 않는데(6)의 驛孩 2字가 들어간다면 훌륭한 文脈이 될 것 같다.

15. 朶課(doko)

女眞語로 內側은 朶羅이고, 朶課·多課는 裏面·衣裏로 풀이되어 있

---

37) 金東昭 1974:30.

38) cf. 金東昭 1974:29-34.

다. 淸文彙書에 依하면 doko의 意味가 表裡之裡로 되어 있는 바, 뒤의
wehe와 합하여 內岩이라는 흔히 있는 地名(峰名)을 이룬다.

16. 斡黑(wehe)
斡에 해당하는 女眞字 뒤의 字가 未詳한데 이것을 無視하면「바위」라
는 의미가 된다. 對格助詞의 省略은 여진어에서도 흔한 일이다.

17. 禿魯(turu)
「보다」라는 의미를 가진 여진어는 다음과 같다.

禿魯哈剌	視·覽
禿魯哈剌團下孫	看守

Grube는 이 낱말과 만주문어 turulambi(倡率)를 대응시키고 있으나[39]
의미상 難點이 있고, 山路廣明교수는 *turuhala로 再構했으나[40] 대응되
는 만주문어가 없다. 本 石刻의 禿魯는 語幹만 표시된 듯한데 아마도 뒤
의 文字가 磨滅됐기 때문일는지 모른다.

IV

18. 璅江 塔思哈 阿揑(sogiyang tasha anie)
璅江·素羊은「黃」, 塔思哈는「虎」, 阿揑는「年」을 각각 의미하므

---

39) 1896:101.
40) 1956:4.

로 세 單語를 합하면 戊寅年이 된다(여진어 *sogiyang에서 만주문어
suwayan에 이르는 과정은 설명이 어렵다. 別個의 방언일는지 모른다.)

女眞小字를 頒布한 金 熙宗 皇統 5年(1145年)부터 高麗末年(1392年)
까지에서 戊寅年을 찾으면 다음과 같다.

毅宗 11年(1158年)	金 海陵王	正隆 3年
高宗 5年(1218年)	金 宣宗	興定 2年
忠烈王 4年(1278年)	元 世祖	至元 15年
忠肅王 7年(1338年)	元 順帝	至元 4年

文字를 1145年에 頒布하였고 金 朝廷에서 經史를 女眞小字로 번역
하기 시작한 것이 1164年(金 孝宗 隆興 2年)임을 감안할 때 毅宗 11년
에 해당하는 戊寅年을 이 石刻의 제작연대로 보기에는 無理가 있다. 또
女眞小字를 고려에 전한 것이 고려 高宗 12年(1225年)이고 이로써 女
眞小字學이 시작되었다는 高麗史의 기록이 있는바[41] 이 기록을 不信하
는 견해[42]가 없음은 아니지만 이 기록이 高麗朝廷에서의 女眞學開設이
라고 생각한다면 그 훨씬 이전에 북쪽 변방에서 女眞小字가 어느 정도
通用되었다는 假定을 세운다 하더라도 高宗 5年도 너무 이른 느낌이 든
다. 따라서 이 石刻은 忠烈王代나 忠肅王代의 戊寅年(13 · 4世紀)에 만
들어 졌다고 결론 지을 수 있다.

---

41) 東眞人周漢投瑞昌鎭 漢解小字文書 召致于京 使人傳習 小字之學始此(高麗史 卷22
高宗12年 6月 辛卯條)
42) 閔泳珪 1956:2.

19. 納丹 必阿(nadan bia)

만주문어와 동일하다. 다만 i와 母音 사이의 y는 여진어에서 아직 발생하지 않은 듯하다.[43]

20. 只兒歡一能吉(jirhuan inenggi)

「12日」이란 뜻. 四譯館本語 數詞가 다른 Manchu-Tungus諸語와 다른 특징 중 하나는 11에서 19까지의 독특한 어휘가 있었다는 점이다. 그러나 이 數詞는 會同館本語에는 나타나지 않는 것으로 보아[44] 古代女眞語[45]의 遺産으로서 곧 사용되지 않은 듯하다. cf. 十六日 女魯歡(金國語解), 泥渾 十六(四譯館本語).

여진어 *jirhuan 〉 *jorhuan〉 만주문어 jorhon의 변화는 母音收約(ua 〉 o)과 母音同化(i 〉 o)를 겪어서 이뤄진 듯하다.

---

43) cf. 李基文 1958:387 및 金東昭 1975:87.
44) 拙兒歡은 12月을 뜻하는 拙兒歡別에서만 사용된 듯하다. 이 점 만주문어와 동일하다.
45) 女眞語史의 時代區分에 대해서는 李基文 1958a:92f 및 朴恩用 1972:83f 參照

參/考/文/獻

• Devéria, Gabriel. 1882. Examen de la stèle de *Yen-t'ai*. Dissertation sur les caractères d'écriture employés par les Tartares *Jou-tchen*. Extraite du *Houng-hue-in-yuan*, traduite et annotée. *Revue de l'Extrême-Orient*, publiée sous la direction de M. Henri Cordier. Tome I. 173-5.

• Grube, Wilhelm. 1894. Note Préliminaire sur la langue et l'écriture *Jou-tchen. TP* 5:334-40.

• _____. 1896. *Die Sprache und Schrift der Jučen*. Leipzig: Kommissions-Verlag von O. Harrassowitz.

• Ligeti, L. 1953. Note préliminaire sur le déchiffrement des "petits caractères" joutchen. *AOH* 3:211-28.

• Ramstedt, G. J. 1957. *Einführung in die altaische Sprachwissenschaft* I. Lautlehre, Bearbeitet und herausgegeben von Pentti Aalto, MSFOu 104:1.

• Wylie, A. 1860. On an ancient inscription in the Neuchih Language. *JRAS* 17:331-45.

• 金東昭. 1974. "淸語老乞大의 滿洲文語形態音素 記述(二)."「語文學」(大邱 : 韓國語文學會) 30:29-52.

• _____. 1975. "滿洲文語 音素排列論."「국어교육연구」(경북대학교 사범대학). 7:75-91.

• 稻葉岩吉. 1930. "北靑城串山城女眞字磨崖考釋."「靑丘學叢」(京城 : 靑丘學會) 2:21-42.

- _____. 1932. "吾妻鏡女直字の新研究." 「靑丘學叢」(京城：靑丘學會) 9：1-19.
- 閔泳珪. 1956. "解題." 「小兒論 同文類解 八歲兒 三譯總解」, 國故叢刊第九. (서울：延禧大學校東方學硏究所). 1-10.
- 朴恩用. 1972. "金語硏究." 「亞細亞學報」(서울：亞細亞學術硏究會) 10:77-184
- 山路廣明. 1956. 「女眞語解」(東京：アジア・アフリカ言語硏究室).
- 山本謙吾. 1969. 「滿洲語口語基礎語彙集」(東京：外國語大學アジア・アフリカ言語文化硏究所).
- 石田幹之助. 1931. "女眞語硏究の新資料." 「桑原博士還曆紀念東洋史論叢」(東京：弘文堂書房) 1271-323.
- 李基文. 1958a. "만주어 문법." 「한글」(서울：한글학회) 123:89-97.
- _____. 1958b. "中世女眞語音韻論硏究." 「서울大學校論文集. 人文社會科學」7:343-95.
- _____. 1973. "十八世紀의 滿洲語方言資料." 「震檀學報」(서울：震檀學會 36:101-32).
- 朝鮮總督府. 1919. 「朝鮮金石總覽」(京城：朝鮮總督府).
- 河野六郎. 1944. "滿洲國黑河地方に於ける滿洲語の一特色 ──朝鮮語及び滿洲語の比較研究の 一報告──." 「學叢」(京城帝國大學文學會) 3:190-215.
- 經國大典
- 高麗史
- 金史
- 同文類解

• 滿文老檔

• 世宗實錄

• 新增東國輿地勝覽

• 韻略易通

• 淸文彙書

• 初學必讀

• 漢淸文鑑

• 欽定金史語解

[실린 곳] 《국어국문학》 (서울, 국어국문학회) 76호 (1977. 12.) p.p. 1-16.

붙임

Ⅰ. 북청 여진자 석각 탁본 해제

　12세기 초 중국 동북 지역의 여진(女眞) 등 이른바 야인(野人)의 여러 종족을 통합한 아쿠타[阿骨打, 1068~1123]가 금(金)나라를 건설한 (1115년) 후, 금나라 조정은 곧 여진 대자(大字)와 여진 소자(小字)라는 두 가지 문자를 만들어 널리 사용하게 한다(1119년 및 1138년). 이후 여진 문자는 금나라 시대 1백 몇십 년 동안 사용되어 많은 유교 경전을 여진말·여진 글자로 번역·출판하였지만 불행히도 금나라 시대의 여진 문자 문헌은 지금 전해지는 것이 없다. 다만 1973년 8월 중국 섬서성 (陝西省) 서안(西安)의 비림(碑林)에서 발견되어 현재 섬서성 박물관에 보관 중인 여진 문자 필사 문서 잔혈(殘頁) 11장이 유일한 여진자 문서로 알려져 있다. 이 문서는 중국 학계에서 〈여진문 자서(女眞文字書)〉로 불리고 있는데, 제작 연대는 금 세종 대정(大定) 10년(1170년) 이전으로 추정된다. (진치충 1979 및 진치충 1992: 18-37, 참조). 우리 조선 왕조의 사역원(司譯院)에서도 여진어 교과서가 십여 종 간행되었지만 역시 전해 오지 않는다. 다만 중국과 우리 한반도에서 여진 문자로 씌어진 비석 등 금석문이 10여 개가 발견된 바 있고, 이 중 한반도에 있는 여

진 문자 금석문은 현재 서울 중앙 박물관에 보관 중인 '경원(慶源) 여진
자 비석'과 이 탁본이 만들어진 함경남도 북청군(北靑郡)의 '북청 여진
자 석각(石刻)' 등 2개이다. 또 중국 명나라 때 사이관(四夷館)과 회동관
(會同館)에서 발간한 《화이 역어(華夷譯語)》라는 어휘집 속에 여진관
역어(女眞館譯語)라는 중국어-여진어 대역 어휘집이 들어 있어, 여진
어와 여진 문자의 연구를 가능하게 하고 있는 것이다.

국사 편찬 위원회가 소장하고 있는 북청 여진자 석각(北靑女眞字石
刻) 탁본은 일본의 조선 총독부 박물관에 소장되어 있던 것으로서, 아마
도 1910년대 초에 이 석각이 발견되자 곧 탁본이 만들어진 듯하다. 현
재 전해지는 탁본이 바로 1910년대 초에 만들어진 그 탁본인지에 관해
서는 전문적인 연구가 필요하겠지만, 대체로 그 자료로 간주하여도 큰
문제가 없으리라 본다. 그 무렵 만들어진 이 탁본은 1919년 간행된 조선
총독부의 〈조선 금석 총람(朝鮮金石總覽)〉에 양각(陽刻) 사진이 실려
있고, 석각 자체의 사진은 이나바 (1930: 25)에 들어 있다.

〈조선 금석 총람〉과 이나바 (1930)에 의하면 이 석각은 함경남도 북
청군 속후면(俗厚面) 창성리(蒼城里)[1]의 성환산성(城串山城)이란 곳에
있는 총석(叢石)에 새겨진 5행의 여진자 석각으로서, 필자의 생각으로
는 2명의 여진인 관광객이 이곳에 온 기념으로 기록했다고 믿어진다.

실물을 본 적이 없는 필자로서는 탁본과 사진으로만 판단할 수밖에
없겠는데, 이 석각의 문자는 관광객의 즉흥적인 솜씨 그대로 무척 소졸
(疏拙)한 필치의 여진자 50자 정도가 적힌 것으로 추정된다. 현재까지

---

1) 〈조선 금석 총람〉 553쪽에는 이 석각의 소재지가 '함경 남도 북청군 僞厚面 창성리'로
되어 있는데 '僞厚面'은 '俗厚面'의 잘못인 듯하다.

이 여진 문자의 판독은 이나바(1930)에서 45자, 안마(1943)에서 45자, 김동소(1977)에서 47자, 울히춘(2002)에서 49자 정도 이루어졌다. 이 여진어 문장의 해독은 아직 완전히 이루어져 있지 않은데, 이 중 김동소 (1977)와 울히춘(2002)의 연구만을 다음에 소개한다.

제1행

김동소 : 고려 나라의 협률랑(協律朗) 일화(一化) 화상(和尙)과

울히춘 : 고려 나라에서 현량(賢良) Ir-? 화상이

제2행

김동소 : 고하(苦河) 맹안(猛安) Hodo가 도착하다.

울히춘 : 과파(果葩) 맹안에 도착하다.

제3행

김동소 : 남쪽 홍원(洪原)에서 어귀 길에 도착한 맹안 Hodo가

울히춘 : 미륵불(彌勒佛)이 안거(安居)의 도(道)에 이르려 하면, 천 개
　　　　　의 뾰죽한

제4행

김동소 : 내암(內岩)을 바라보다.

울히춘 : 돌이 있다.

제5행

김동소 : 무인년(戊寅年) 7월 12일.

울히춘 : 무인년 7월 26일.

이렇게 문자의 판독과 문장의 해석이 학자에 따라 상당히 다른 이유
는, 바위에 새겨진 문자의 자형이 부정확한데다가 오랜 세월 비바람에
마모됨이 심하기 때문이며, 또 그 자료의 부족으로 인해 아직도 여진 문
자의 완전한 해독이 이루어져 있지 않기 때문이다. 우선 여기서는 위의
두 해석에서 일치되는 것만 모아 이 여진자 석각 및 그 탁본의 가치를
살펴보기로 한다.

이 석각문에 나오는 낱말 중 다른 여진 문자 자료에서 찾아볼 수 없는
새로운 자형들이 있는 듯하지만, 그런 자형의 경우 위의 두 판독이 서로
다르기 때문에 (특히 제3행의 경우는 아주 다르게 판독되고 있다.) 더
정밀한 연구 이후로 미루기로 하고, 두 판독에서 의견이 일치하는 것 중
몇 가지 역사학적으로, 또 언어학적으로 가치가 있는 낱말만 들어 보면
다음과 같다. (인쇄 사정상 여진 문자는 제시하지 않고 그 여진 문자의
추정 독음[讀音]과 그에 해당하는 만주 문어형[文語形]만을 제시한다.)

뜻	추정 독음	만주 문어형
고려	so-go(r)[2]	solgo/solho
나라	gu-run	gurun
和尙	hua-šaŋ	hūwašan
猛安[3]	minggan	minggan
도착하다	isi-bi	isimbi
돌	we-he	wehe

---

2) 추정 독음 속에 하이픈이 있는 것은 석각의 여진 문자가 2자임을 나타낸다.
3) 이 '猛安'을 김동소 (1977)는 벼슬 이름으로 보았고, 울히춘 (2002)은 행정 구역 이름
   으로 보았다. 실제로 이 말은 두 가지 의미를 다 갖는다.

누런	so-giaŋ	suwayan
범	tasha	tasha
年	anie	aniya
일곱	nadan	nadan
月	bia	biya
日	ineŋgi	inenggi

이 석각과 관련하여 흥미 있는 점은, 이 기록자가 누구인가의 문제와 이 석각의 제작 연대가 언제인가 하는 것이다. 김동소(1977)는 석각문의 기록자가 2인의 관광객('一化 화상'과 '猛安 Hodo[4]')으로 보았고, 울히춘(2002)은 1인의 고려인으로 보았다.

석각 제작의 연대인 무인년(戊寅年 ← 누렁 범 해)을 김동소(1977)는 고려 충렬왕 4년(1278년)이나 충숙왕 7년(1338년)으로 보았고, 울히춘(2002)은 더 이른 것으로 잡아 금 선종(宣宗) 흥정(興定) 2년(1218년, 고려 고종 5년)이나 금 해릉왕(海陵王) 정륭(正隆) 3년(1158년, 고려 의종 11년)으로 추정했다. 이러한 견해차는 문자 판독의 다름에서 기인하는 것임은 더 말할 필요가 없다.

---

4) 이 2인 중 후자는 분명 여진인으로 보인다. Hodo는 여진어로 '솔[松]'이라는 뜻이다.

참/고/문/헌

- 김동소(1977) : "북청 여진자 석각의 여진문 연구"〈국어국문학〉 (서울, 국어국문학회) 제76호 pp. 1-16.
- 김동소(1988) : "경원 여진자비의 여진문 연구"〈효대 논문집〉(대구, 효성여자대학교) 제36집 pp. 39-66.
- 김동소(1992) : 金東昭 著, 黃有福 譯〈女眞語, 滿語硏究〉, 北京, 新世界出版社.
- 안마(1943) : 安馬彌一郎,〈女眞文金石志稿〉, 京都, 碧文堂.
- 울히춘(1998) : 愛新覺羅 烏拉熙春, "西安碑林女眞文字書新考"〈立命館文學〉(京都, 立命館大學) 第556號 pp. 285-308.
- 울히춘(2002) : 愛新覺羅 烏拉熙春, "北靑女眞字石刻 新釋"〈女眞語言文字新硏究〉(京都, 明善堂) pp. 187-198.
- 이나바(1930) : 稻葉岩吉, "北靑城串山城女眞字摩厓考釋"〈靑丘學叢〉(京城, 靑丘學會) 第2號 pp. 21-42.
- 진치충(1979) : 金啓孮, "陝西碑林發現的女眞字文書"〈內蒙古大學學報 哲學社會科學版〉1·2期.
- 진치충(1984) : 金啓孮,〈女眞文辭典〉, 北京, 文物出版社.
- 진치충(1992) : 金啓孮,〈瀋水集〉, 呼和浩特, 內蒙古大學出版社.
- 朝鮮總督府(1919) :〈朝鮮金石總攬〉, 京城, 朝鮮總督府.

[실린 곳]《국사편찬위원회 귀중자료 해제집 -한국편-》(서울, 경인문화사) (2008. 12.) p.p. 170-175.

II. 내가 받은 여진·만주 글자 새해 인사 편지

새해를 맞게 되면 해마다 사람들은 새삼 자별한 느낌을 갖게 마련이지만, 나에게 이번 새해는 좀 유다른 느낌이 될 것이다. 새해가 바로 '거뭇한 양 띠', 곧 계미년이고, 내가 태어난 해가 바로 이 '거뭇한 양 띠'의 해이기 때문이다.

계미년의 '미(未)' 자가 양이라는 짐승을 뜻하는 글자인 줄은 잘 알려져 있지만, '계(癸)' 자가 왜 거무스름한 빛깔을 나타내게 되었는지 아직 자세히 조사해 보지 못했다. 아마도 이 글자가 오행(五行)으로 보아 '물'에 속하고, 계절로서는 겨울이요, 방향으로는 북쪽인 것과 관계가 있는 것이 아닌가 싶다.

어쨌든 새해는 내가 태어난 지 꼭 60년이 되는 해가 된다. 이 환갑이 되는 해를 맞아 품은 회포가 있기는 하지만, 여기서는 그런 내 속마음을 이야기하려는 것이 아니라, 지난 10여 년 동안 내가 받았던 특이한 여진 글자와 만주 글자의 새해 인사 편지 소개와 이들 문자에 관해 좀 말하려는 것이다.

잘 알려진 대로 여진 글자는, 여진 민족의 추장 아쿠타[阿骨打]가 금나라를 세우고 황제가 된 후, 천보(天輔) 3년[1119년]에 보좌관이었던 완안 희윤(完顏希尹)에게 명하여 한자의 해서체(楷書體)와 거란 글자를 모방해서 만들게 한 글자이다. 그 뒤 금나라 3대 황제인 희종(熙宗) 천권(天眷) 1년[1138년]에 이와는 별도로 다시 새 문자를 만들어, 이 두 가지 문자를 함께 써서 통용하게 하였다고 하는데, 앞의 글자를 여진 대자(女眞大字), 뒤의 글자를 여진 소자(小字)라고 불러 왔다. 그런데 현재 전해지는 여진 글자가 여진 대자인지 여진 소자인지에 대한 논의는 아직 끝나지 않았다. 글쓴이는 여진 글자 중에 들어 있는 뜻글자가 대자이고, 소리글자가 소자라고 믿고 있다.

여진 글자는 금나라 시대 1백 몇십 년 동안 사용되어 많은 유교 경전을 여진말·여진 글자로 번역·출판하였지만 불행히도 금나라 시대의 여진말 문헌은 지금 전해지는 것이 없다. 우리 조선 왕조의 사역원(司譯院)에서도 여진말 교과서가 십여 종 간행되었지만 역시 전해 오지 않는다. 다만 중국과 우리 한반도에서 여진 글자로 쓰여진 비석 등 금석문이 10여 개가 발견된 바 있고,[1] 중국 명나라 때 사이관(四夷館)과 회동관(會同館)에서 발간한 《화이 역어(華夷譯語)》라는 어휘집 속에 여진관 역어(女眞館譯語)라는 중국말-여진말 대역 어휘집이 들어 있어, 여진말과 여진 글자의 연구를 가능하게 하고 있는 것이다.[2]

결국 여진 민족과 여진말·여진 글자는 16세기 이후 역사에서 사라진 것인데, 20세기 후반에 와서 여진말·여진 글자로 새해 인사 편지를

---

1) 이 중 한반도에 있는 여진 글자 금석문은 현재 서울 중앙 박물관에 보관 중인 '경원(慶源) 여진 글자 비석'과 함경남도 북청군(北青郡)에 있는 '북청 여진 글자 석각(石刻)'의 2개이다.
2) 지금까지 알려진 여진 글자 수는 뜻글자·소리글자를 합해서 대개 1,400여 자이다.

쓰는 사람이 있다고 한다면 누구라도 신기한 느낌을 갖지 않을 수 없을 것이다. 그분이 바로 세계 최고의 여진말 · 만주말 학자이신 중국의 진 치충[金啓孮] 선생님이시다. 이분에 관해서는 글쓴이가 이미 여러 책에서 소개한 바 있기 때문에[3] 더 긴 이야기는 피하기로 한다.

1918년 중국 베이징에서 태어나신 이 진 치충 선생님은 청나라 건륭황제의 후손으로 만주식 성은 아이신 교로[愛新覺羅]이고 여진말과 만주말에 관한 많은 논저를 남기셨으며, 여든이 훨씬 지난 지금도 왕성한 연구 활동을 계속하고 있으시다. 진 치충 선생님께서 해마다 나에게 새해 인사 편지를 손수 여진 글자로 써서 보내 주신 지 벌써 10년이 지났다. 선생님의 이 여진 글자 편지들 중에서 몇 편 골라 여진 글자에 대한 계몽적인 설명을 좀 해 볼까 하는 것이다.

〈사진 1〉에 있는 다섯 글자는 왼쪽 위에서부터 차례로 '이처 – 아냐 – 사비 – 오르 – 고'로 읽고, 그 뜻은 '새해[이처-아냐] 상서로우소서[사비-오르-고]'이다.

〈사진 2〉의 네 글자 중 위의 두 글자는 '새해'라는 뜻이고, 밑의 두 글자는 '어 – 허'로 읽으며 '평안, 안락'이란 뜻이다.

〈사진 1〉

---

3) 예컨대 《알타이 학보》 제3호(1991년 12월)의 〈진 치충[金啓孮]과 칭걸터이[清格爾泰]—중국의 두 원로 알타이어 학자—〉, 《한글 새소식》 제298호(1997년 6월)의 〈희한한 학술 논문집의 출판과 진 치충 선생 부녀〉 등.

〈사진 2〉

〈사진 3〉

〈사진 3〉은 '후 - 포요모 - 푼두 - 두 - 잘 - 루 - 하'로 읽고 그 뜻은 '복숭아[후]와 자두[포요모]가 동산[푼두]에[두] 가득하다[잘루하]'이다.

책을 통해 선생님을 처음 알게 된 것은 이미 25년이나 되었고, 그 사이 몇 번 베이징의 자택을 찾아 선생님을 뵙기도 했다. 그 동안 선생님은 많은 귀중한 논저를 나에게 보내 주셨고, 끊임없이 나를 격려해 주시며 〈사진 4〉와 같은 분에 넘치는 여진 글자 휘호도 보내주셨다.[4]

고마우신 은혜에 만분의 일이라도 보답하고자 지난 1998년 선생님의 80세 탄신 기념 겸 교직 생활 50년 기념 문집에 나도 여진 글자 휘호

〈사진 4〉

---

4) 이 여진말 문장은 '주 - 션 - 우 - 운 - 리 - 인 - 니 - 피 - 칭'이라고 읽고 그 뜻은 '여진 문림(文林)의 빛'이다.

(사진 5)를 하나 보내 올렸다.[5] 새해에도 선생님의
귀하신 몸 계속 강건하시기를 두 손 모아 빈다.

〈사진 5〉

만주 글자는, 청나라 태조 누르하치[努爾哈赤]가
미처 나라를 건국하기 전부터[6] 만주말 기록의 필요
성을 느낌으로써, 1599년 학자들에게 지시하여 몽
고 글자를 이용한 만주말 기록법을 손수 가르친 데
서 비롯되었다고 한다. 만주 글자는 이렇게 몽고 글
자를 빌려와 청나라 때 사용해 왔는데, 청나라 시대
에는 정부의 만주말 보존 정책 때문에 수없이 많은
만주말 문헌이 만들어져 전해지고 있고, 지금까지
도 중국의 일부 만주족과 시버족[錫伯族][7]이 사용
하고 있다.

나에게 만주말 · 만주 글자로 새해 인사 편지를 보내 주고 있는 몇몇
분 중에 중국 랴오닝[遼寧]성 선양[瀋陽]시의 랴오닝 민족 연구소에 근
무하고 있는 시버족 리 윤샤[李云霞] 선생이 있다. 그녀를 처음 만난 것

---

5) 이 여진말 문장은 '주 - 션 - 타 - 티 - 인 - 니 - 투 - 우시하'라 읽고 뜻은 '여진학의 큰
별'이다.
6) 청나라 태조 누르하치가 나라 이름을 후금(後金)이라 정하고 황제에 즉위한 해는
1616년이다.
7) 시버족은 현재 중국 랴오닝성과 신장 위구르 자치구의 북서쪽 끝에 주로 거주하고
있는 중국 소수 민족의 하나로서, 1990년 조사에 의하면 17만 3천 명 정도의 인구가
있다. 신장 위구르 자치구에 거주하는 시버족들은 3만 3천 명 정도인데 이들은 만주
말 · 만주 글자[다만 그들은 시버말 · 시버 글자라고 일컫는다.]로 말글살이를 하고
있다.

은 1989년 여름이었는데, 그때 리 선생은 20대의 처녀 연구원이었다. 그 후 리 선생은 결혼해서 주부가 되었으나 아직도 연구원 생활을 계속하면서 시버족의 문학과 역사를 연구하고 있다.

잘 알려진 대로 만주 글은 위에서 밑으로 쓰고, 글자 행(行)은 한문과

〈사진 6〉

는 달리 왼쪽에서 오른쪽으로 나아간다. 〈사진 6〉의 만주 글은 맨 왼쪽 행부터 '김 스푸‥ / 이처 아냐 더 우르군저러 오키니! / 어러렁어[8] 시 묵던 더 걸리 지키‥ / 리 윤샤 / 묵던 더'로 읽고 '김 선생님, / 새해에 즐겁게 되셔요! / 바라건대 당신이 묵던 (선양의 만주말 이름)에 다시 오시기를, /리 윤샤 / 묵던에서'의 뜻이다.

〈사진 7〉은 '김 동소 아구‥ / 이처 아냐 더 우르군점비! / 투먼 바이타 이지스훈 오키니! / 리윤샤'이며 '김 동소 선생님, / 새해에 즐거우셔요! / 모든 일이 순조롭게 되셔요! / 리 윤샤'라는 뜻이다.

〈사진 8〉은 '김 아구‥ / 이처 아냐 암바 우르군 오키니! / 투먼 바이타 아차붕아[9] 오키니! / 리윤샤'로 읽고 그 뜻은 '김 선생님, / 새해 큰 즐거움 있으셔요! / 모든 일 형통하셔요!'이다.

---

8) 글자대로 읽으면 '어러렁거'가 되지만 현재의 만주족들과 시버족들은 이렇게 '어러렁어'로 읽는다.
9) 여기 해당하는 만주 글자도 글자대로 읽으면 '아차붕가'이다.

〈사진 7〉

〈사진 8〉

〈사진 9〉는 '이처 아냐 암바 우르군 오키니 / 투먼 바이타 얼허 오키니'로서 '새해 큰 즐거움 있으셔요. / 모든 일 평안하셔요.'라는 뜻이다.

여기서 만주 글자의 쓰는 법 한 가지만 말해 둔다면, '리 윤샤'라는 이름 적기에서 〈사진 6〉의 '리 윤샤'는 성과 이름이 떨어져 있고 〈사진 7〉의 '리윤샤'는 붙여져 있는데, '리'의 아래 쪽 글자 모양이 서로 다름을 눈 밝으신 독자께서는 알아채셨을 것이다. 몽고 글자나 만주 글자는 그 모태가 되는 위구르 글자, 소그드 글자, 세미트 글자 등과 마찬가지로, 이렇게 같은 소리값을

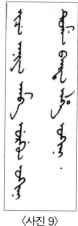

〈사진 9〉

가지는 글자라도 낱말 안의 위치에 따라 글자 모양이 다를 수 있는 것이다.

즉 〈사진 6〉 '리'의 모음 '이'를 나타내는 글자는 이른바 '낱말 끝 모양(어말형)'이고, 〈사진 7〉 '리'의 모음 '이'를 나타내는 글자는 이른바 '낱

말 속 모양(어중형)'인 것이며, 〈사진 6〉에서 〈사진 9〉까지의 편지에 나
오는 '이처'라는 말의 모음 '이'를 나타내는 글자는 이른바 '낱말 첫 모양
(어두형)'으로, 이렇게 그 모양이 아주 다르게 적히는 것이다. 위의 편지
글 속에 세 번 나오는 '투먼 바이타'에서도, 같은 'ㅌ'음을 나타내는 만주
글자가 '투먼'에서와 '바이타'에서의 모양이 서로 다름도 조금만 자세히
살펴보면 곧 알 수 있을 것이다. 또 만주 글자 표기에서 전통적인 문장
부호는 '··'와 '·'의 두 가지가 있는데 대체로 '··'는 마침표, '·'는 쉼표
처럼 쓰인다.

　만주 글자는 위에서도 말했듯이 지금 만주족들과 시버족들이 사용하
고 있고 많은 만주말 문헌이 우리 나라에도 전해지고 있어 만주말 편지
는 크게 신기한 것이 못 될지 모르나, 여진 글자 편지 이야기는 분명 희
한한 사건일 수 있겠다. 비록 학자들의 심심풀이 같은 놀이겠지만 그래
도 이 시대에 여진 글자를 읽을 수 있거나 이 글자로 편지를 쓸 수 있는
사람이 몇이나 있을는지? 다시 한 번 여진 학계의 큰 별이신 진 치충 선
생님의 만수 무강을 기원하면서 글을 마친다.

[실린 곳] 《한글새소식》 (서울, 한글학회) 365호 (2003. 1.) p.p. 9-12.

III.《女眞語, 滿語 研究》서문

　우리 朝鮮은 女眞語와 滿洲語 연구에서 悠久한 전통을 갖고 있는 나라이다. 13세기 中葉인 1225년 高麗 高宗 때 女眞學의 敎學이 시작되었다고 高麗史가 전하고 있지만(高麗史 卷二十二, 高宗十二年 六月 辛卯條, 東眞人周漢投瑞昌鎭, 漢解小字文書 召致于京, 使人傳習, 小字之學始此), 戰爭 獻貢등에 의한 高麗와 女眞과의 交涉은 이미 高麗 成宗 때(10世紀末)부터 있어 왔고, 阿骨打의 金 建國(1115年) 以後 頻繁한 使臣 來往은 高麗人이 女眞語를 自然스럽게 接觸하는 契機가 되었으며, 女眞大小字가 制定되고 女眞字經書 刊行과 女眞大學 設立이 이루어진 12世紀 後半(高麗 穆宗 明宗代)에는 女眞文 硏究도 高麗에서 어느 정도 행해졌으리라 믿는다. 果然 高麗史는 女眞語 譯者·通事란 말을 到處에서 쓰고 있으며(睿宗 2年 1107年 12月條, 仁宗 6年 1128年 11月條, 同王 23年 1145年 3月條), 이런 女眞語 硏究의 자취가 現在 韓半島에 남아 傳하는 慶源女眞字碑와 北靑女眞字石刻 등이라 할 수 있을 것이다. 高麗朝의 女眞語 硏究는 李氏朝鮮朝에 들어와 司譯院 四學으로 繼承되었으며, 다시 滿洲學으로 改稱된 17世紀 後半까지 많은 女眞學 敎科書를 出

刊하기에 이르렀던 것이다.

李朝 仁祖 17年(1639年)에 女眞學 敎科書 5種을 滿洲字로 바꾸고, 이어 顯宗 8年(1667年)에는 女眞學을 淸學이라 改稱하면서 朝鮮에서의 滿洲學이 活潑히 일어났다. 朝鮮의 滿洲語 硏究는 1894年 甲午改革으로 司譯院이 閉鎖되면서 끝나버렸으나, 이 二百數十年間 十餘種의 滿洲語 辭書·敎科書 編纂으로 代表되는 이 方面의 業績은 참으로 世界 最高의 滿洲語 硏究國으로 遜色이 없다. 더군다나 訓民正音이라는 優秀한 表音文字로 滿洲語音을 寫音하고 있는 점과, 滿洲語와 同一한 文法構造를 가진 朝鮮語로 滿洲語를 正確히 飜譯해둔 點은 價値無比의 所重한 滿洲語文獻이라 할 만한 것이다. 不幸히도 訓民正音으로 表記된 女眞語 敎材가 散佚되어버렸지만, 龍飛御天歌에는 相當數의 女眞語彙가 訓民正音으로 記錄되어 있어 世界唯一의 良質 女眞語 寫音資料로 評價되고 있는 것이다. 이 悠久한 女眞語 滿洲語 硏究國의 좋은 傳統이 20世紀에 들어와 여러 가지 政治的 社會的 原因으로 斷絶되어버렸음은 참으로 哀惜한 일이다.

筆者는 지난 二十年間 韓國語 系統論을 硏究 講義하면서 퉁구스語派의 最古文獻語인 女眞語와 滿洲文語 硏究에 關心을 가져오던 中 昨年(1989年) 8月 中國을 訪問하여 여러 해 文通中에 있던 金啓琮·烏拉熙春 等 女眞·滿洲語學者들과 面談할 기회를 가졌고 이분들과 알타이어 共同硏究를 計劃하게 되었다. 이 무렵 中央民族大學 民族硏究所의 黃有福敎授님과 協議하여 黃敎授의 至極히 好意的인 飜譯 計劃에 힘입게 되어 이 飜譯書를 出版하게 된 것이다. 여기 실린 11編의 論文은 지난 1972年 以來 發表했던 女眞·滿洲語 論文 中에서 一部 손질한 것이다. (그러나 이 中 2編은 퉁구스語學에 關한 것이다.) 黃有福敎授님은 일찍

이 많은 外國學者의 무게 있는 學術論文을 中國語로 飜譯하여 中國學
界에 紹介한 바 있는 분으로, 主專攻은 朝鮮民族史 分野이지만 朝鮮語
學과 女眞滿洲語學에도 卓越한 硏究成果를 가진 學者이므로, 黃敎授님
의 譯筆은 稚拙한 本論文을 더욱 光彩있게 만들어 주시리라 믿어, 더없
는 고마움을 느끼는 바이다.

여기 실린 論文의 元揭載論文集과 發表年度는 다음과 같다.

1. 淸語老乞大의 滿洲文語 形態音素 記述. 韓國語文學會 刊 語文學
   27 및 30號. (大邱, 1972年 및 1974年).

2. 滿洲文語音素排列論. 慶北大學校 國語敎育科 刊 國語敎育硏究 7
   輯. (大邱, 1975年).

3. 龍飛御天歌의 女眞語彙 硏究. 慶北大學校 國語敎育科 刊 國語敎育
   硏究 9輯. (大邱, 1977年).

4. 北靑女眞字石刻의 女眞文 硏究. 國語國文學會 刊 國語國文學 76
   號. (서울, 1977年)

5. 女眞의 言語와 文字 硏究 —기사부로 N. 키요세 지은— . 한글學會
   刊 한글 165號.(서울, 1979年)

6. 퉁구스語 語彙와 形態素의 한 考察. 螢雪出版社 刊 徐炳國博士華
   甲紀念論文集. (大邱, 1979年)

7. 1行의 PKT 文章. 集文堂 刊 黃希榮博士頌壽紀念論叢. (서울, 1983
   年).

9. 女性指稱의 女眞語詞 硏究. 韓國女性問題硏究所 刊 女性問題硏究
   12輯. (大邱, 1983年).

10. 滿文聖瑪竇福音書의 滿字 女性姓名 表記. 韓國女性問題硏究所

刊 女性問題硏究 15輯. (大邱, 1987年).

11. Sino-Mandjurica. 曉星女子大學校 出版部 刊 韓國語學과 알타이 語學. (大邱, 1987年).

12. 慶源女眞字碑의 女眞文 硏究. 曉星女子大學校 出版部 刊 曉星女 大論文集. (大邱, 1988年).

이 論文들 속에는 筆者의 明敏치 못함으로 因한 相當한 誤謬가 包含 되어 있으리라 믿어 中國 先輩學者들의 叱正을 懇望하는 바이다. 끝으 로 바쁘신 硏究 日程 속에서도 훌륭한 中文으로 拙論을 飜譯해주신 黃 有福敎授님께 衷心으로 感謝의 뜻을 表하며 女眞字 等 여러 가지 까다 로운 活字를 만들어가며 이 册을 出版해주신 北京 外國文出版社에 感 謝의 뜻을 表한다.

1990年 10月

南朝鮮 大邱에서

金東昭 識

[실린 곳]《女眞語, 滿語 硏究》(北京, 新世界出版社) (1992. 10.) p.p. 1-2.

Amban Ancun ni Xutuŋgigama ni Jouŋ

𡴎𡴎𡴎𡴎𡴎𡴎𡴎𡴎𡴎𡴎𡴎𡴎

대금득승타송비

大金得勝陀頌碑

Hymn of Victory of the Great Jin Nation

1185

中國 吉林省 扶余市 得勝鎭

담산연구소
澤山研究所   Damsan Institute

주요 참고문헌 Selected References

田村實造, 1937, 大金得勝陀頌碑の研究(上). 東洋史研究 2-5, 405~437. [Tamura Jitsuzō, 1937, Study of Deshengtuo Stele of the Great Jin]

金啓孮, 金光平, 1980, **女眞語書文字研究**. 北京 文物出版社, 376p. [Jin Qǐcóng and Jin Guǎngpíng, 1980, *Study of Jurchen Language and Letters*. Beijing Wunwu Publishers, 376p].
진지총, 진광핑, 2014, **여진어와 문자** [이상규, 왕민 역주] 도서출판 경진, 528p.

관련 참고문헌 Related References

劉鳳翥, 于寶麟, 1981, 女眞文字 '大金得勝陀頌' 校勘記. 民族語文論集(北京), 292-344. [Liu Fengzhu et al., 1981, Review of Deshengtuo Stele of the Great Jin]

大金得勝陀頌幷序

[1] 題額

[田村實造]　　ᡥᠠ　ᡥᡨ　ᡥ　ᡥᡨᡥ　ᡥ　■ᡥ　ᡥᡨ

[This study]　　ᡥᠠ　ᡥᡨ　ᡥ　ᡥᡨᡥ　ᡥ　ᡥᡨ　ᡥᡨ

amban ancun ni xutuŋgigama ni jouŋ turʔun

大　金　國　　後퉁기가마　　기념비
대　금　국

Preface of the Hutunggigama monument of the Great Jin Empire

[ ]

[2]3 奉政大夫 充翰林修撰 同知 制誥 兼 太常博士 驍騎尉賜緋魚袋臣趙可奉勅撰

□□ᡥ□□□　□□　ᡨᡥᡥ□□　ᡥᡥ□□□　□　ᡥ□□□□□□　ᡥ□　ᡥᡥ

■□ᡥᡥᡨᡥᡨ　ᡥᡥ　ᡨᡥᡥ　ᡥᡥ　ᡥᡥ　ᡥᡥ　ᡥᡥ　ᡥᡥ　ᡥᡥ　ᡥᡥᡨᡨ　金ᡨ　ᡨᡥ

funjiŋdaifu　　fagiya xallim siujuan　tuŋji cigau giyan ti　bua xoo tondein baimai saxadan

奉政大夫　　充　翰林　修撰　同知　制誥　兼

[3]4

■ᡥ　ᡨ□□□ᡥᡥ　ᡥ　ᡥ　ᡥ□□□□□ᡥᡥ　ᡥ□□□

ᡨᡥ　ᡨ□□□ᡥᡥ　ᡥ　ᡥ　ᡥ□□□□□ᡥᡥ　ᡥ□□□

jouŋ ši　 nugin ni bitxe　ta　　　　jan　timari

[4]5 得勝陀　太祖武元皇帝誓師之地也

[田村實造]　　ᡥᡨᡥᡥ　　ᡨ

[This study]　　ᡥᡨᡥᡥ　　ᡥᡨ

xutuŋgigama xainan

得勝陀

Hutunggigama is

[5]6

ᡨᡥ　ᡥᡥ　ᡥᡨ　尚■　ᡨᡥ　ᡨ　ᡥᡨ　ᡥ　ᡨᡥ　ᡥ　ᡥ

ᡨᡥ　ᡥᡥ　ᡥᡨ　尚ᡨ　ᡨᡥ　ᡨ　ᡥᡨ　ᡥ　ᡨᡥᡨ　ᡥ　ᡥ

taisu cooxa　nuši　xoŋdi　i　cooši　be　ulxuwebuxéi　bua.

太祖　武　元　皇帝　師　　誓　　地

태조　무　원　황제가　군사들을　고쳐시킨　곳

the place where the emperor Aguda promoted the soldiers.

臣謹按《實錄》及 "睿德神功"碑 云:

秉粂 犾矢 半 殳阜□□ 禿 □□□□□
車仝 犾矢 半 矢厷右 芴 □□□□□

cogar merxexe du turšiumui ba
　實　　錄　　按　　及 "睿德神功",
　실　　록　　에 따르고　또
According to Annals, and

[6] 太祖率軍渡淶流水 命諸路軍畢會

天禾 夵岜 秉牵米　　　 乇□列 侑半 夋老 禹立 夵岜 　　　 半 羑夆
天禾 夵岜 衷牵米　　　 乇休列 侑半 吴老 禹立 夵岜 半夹疒半 秉老

Taisu cooši otenfi　　 Nalin bira du doobii geen cooši gobuulda darubii
太祖　軍　率　　　　　　 淶流　水　　渡　諸路軍　畢會　　命
태조가 군사 이끌고 [군사들에게] 나린 강을 건너 여러 군대가 집합토록 명을 내렸다
Taisu ordered several troops to gather across the Nalin River.

[7] 太祖先據高阜 國相撤改與衆仰望

天禾 峃峃 岀美 半 羑休史 罿房 灟 未牵 米 羑句 反 殳甲夫 龗夫
天禾 峃峃 岀美 半 羑休史 写房 年 未牵 米 羑句 反 殳甲夫 龙夫

Taisu nunu dege du tutibii ililu bui omir ni Sagai adi daxamai tiremai
太祖　先　高阜　　　據　　　國相　　撤改　衆　　與　　仰望
태조가 먼저 언덕에 올라 서자 국상인 사가이 등이 함께 우러러보았다.
When Taisu first climbed the hill, the prime minister Sagai and others looked up to him together.

[8] 聖質如喬松之高 所乘赭白馬亦如岡阜之大

舍矢 孛 希发 米 拝爽 釆芌
舍矢 孛 希发 米 岀禹 疢庁

aciburu beye xoldon ni dege gese
聖　　質　　喬松　之 高 如
거룩한 몸은 키 큰 소나무 같았고
The holy body was like a tall pine tree,

冇艮 麦秦 侢犁 牛美 年列 哭刔 史 屮
佘艮 吴秦 侢犁 牛美 半 年列 史刔 史 予哲秦

unxai širga murin kešin do tein xiyansui be ilubii
　　赭白　馬　亦　岡阜 如大 　　 所乘
　　붉고 흰 말 언덕처럼 큰 한수이를 타고 있었다.
and he was riding Hiyansui, a red and white horse as big as a hill.

[9]太祖顧視撒改等人馬 高大亦悉異常

天禾 灵叐 羊句 庆 攵 仆 得剂 [黑号米] [畵米] 年米 [龠叐夐]
天禾 灵叐 羊句 庆 攵 仆 得剂 苏弓 備 禾米 年米 卅叐皂

taisu bure sagai adi i niyalma murin malu xien tarsa ofi kujexai
太祖　　　撒改 等　　　人　　馬　高大 亦 悉異常　　　顧視
태조 또한 사가이 등의 사람과 말이 대단하고 보통이 아니니 다시 보게 되었다
Taisu also looked back on how great and unusual Sagai as well as soldiers and horses were.

丈 兂卆□□□□
丈 兂卆□□□□
be　maa

[10] 太祖曰: 此殆吉祥 天地協應吾軍勝敵之驗也！諸君觀此 正當戮力同心

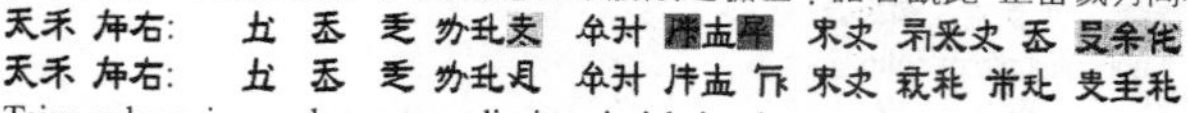

天禾 庠右： 业 丞 乇 扐扎夬 伞卄 [噩血麗] 米丈 弔釆丈 丞 [昆弁华]
天禾 庠右： 业 丞 乇 扐扎夬 伞卄 岸血 乍 米丈 荻扎 常扰 夬壬扎

Taisu xelsemui: ere abga na amulixai gurisui baju ba anaru sabibii taere tomsunbi
太祖曰：　　　此　天　地　協　　　應　　敵　　勝　　[計]　　　驗
태조 가라사대 "이는 천지가 서로 돕고 반응함이다. 적을 이긴다고 헤아릴 만한 증거이다."
Taisu said: "This shows that heaven and earth are helping and reacting to each other.
This is considerable evidence that we will beat the enemy."

屯屄 □盉夬 宁壬 �□盉 [岸季禾]
屯屄 屯素夭 幸丹 宁壬 扐扎盉 戻丈未

ir²e turgara. xundu xūsun faxiyaši nuširašou.
諸君 觀此　正當　力　戮　　　同心
제군은 보라. 마땅히 힘을 합쳐 한 마음 되라.
Everyone, look. join forces and become one heart.

若大事克成 復會與此 當酗而名之 後以是名賜其地雲

伞米 夏 攵亥[噩]升米 □□ [先圭老] [罷] [匿攵] [逆关]□□[毳]
伞米 亥 攵亥岀升米 □□ 庠吞老 床 未更 矢关　　 兂岸

amban weile mute**buxéigisa** □□ **omiyabii** nure omibii gebu　　tuwanjo.
大　事　克成 若　　　會　　酗　　　名　　[選]
큰 일을 이룰 수 있게 되면 모두 모여 술 마시며 이름을　짓자.
When we achieve great results, let's all get together and have a drink and name it.

amuluni ere gebu gi ta bua tuŋi do cilaru
後　　是　名　以　其　地　雲　　賜
그 뒤　이 이름을　그 땅 구름에　주자.
And then, let's name the cloud of that land.

[11] 時又以禳檜之法行於軍中　諸軍介而序立

ta fon do **ginbejeru** dorogi cooxa i　dolo yabubureši
　時　禳檜　法以　　軍　　中　　行
그 때에　액막이 의식으로　군대　가운데 사열하니
At that time, the emperor went through the army as a misfortune-preventing ceremony, and

geen cooši uciin etubii naburemui ililuxai
諸　軍　　介而　　序　　立
모든 군사는 갑옷 입고 품계대로 서있었다.
All the soldiers All soldiers wore armor and stood according to their posts.

戰士光浮萬里之程　勝敵刻日　其兆復見焉

ficing soriku □□ tumen ba genedulu baju ba anaru foyolu ineŋi ta sabiorgo xacabii
　光　戰　士　萬　里　程　　敵　　勝　刻　日　其　兆　　復見
빛이 전사와 함께 만리 길을 가고 적을 이김 새기는 날　그 징조 다시 보였다.

The light went on a long journey with warriors; On the day of recording the defeat of the enemy, the sign was seen again.

大定甲辰歲,

amban nanxaxai nongiyaŋ mudur sege
大　定　甲　辰　歲
대　정　갑　진　년
On the year of 1184 AD

[12] 鸞輅東巡 駐蹕上都

oitouxer iceka juleši duŋumui wegi giŋ du jabii
鸞輅   東 巡   上 都 駐蹕
가마 타고 동으로 순행하고 상 경에 머물렀다.
The emperor took a wagon to the east and stayed in the Upper Capital.

[13] 思武元締構之難

cooxa nuši gurun ni merxuwejexéi takura xelse ba jonbii
武 元   締構之難   思
무원 황제가 나라의 조직을 어찌하라 한 명령을 생각한다
Think about how to organize the organization of the country ordered by the emperor.

[14] 盡孝孫光昭之道

seŋiŋi omolo i dabjeru ficiŋ je i   ju'u ba usebii
孝 孫   光 昭 之 道   盡
효   손의 입장에서 빛나고 반짝이는 도를   다하여
As a filial son, [the emperor] carried out the shining and sparkling way, and.

[15] 始也 命新神御 以嚴穆穆之容

fijur tesui wa wonxugiya wonxugiya aciburu erwee
神 御   穆   穆   嚴聖] 容
신주 있는 데서 숙연한   임금의 얼굴[초상화]
solemn holy face (portrait) in the spiritual shrine.

既又俾十貞石 以贊暉暉之業

geli oen wexe   i jasaxai
又 俾貞 石   刊 暉暉 贊   業
또한 굳은 바위에 새길 빛나게 칭찬할   업적
Admirable achievement to be inscribed on the rock

[16] 而孝思不忘念所 以張閭休而揚偉跡者 蓋有加而無已也

senjingi jon ja mananbure ei'e amban alayouxin ba tuwexéibii □sainuer soŋxo wešiburu

孝　思　忘　　　　不　閭　休　　　　　　　　偉　　跡　揚

孝思는 조상 사당을 잊지 않는 것, 큰 휴식을　　　주어　　거룩한 자취를 고양하는 것

Filial piety is not forgetting the shrine for parents and giving them a long sense of tranquility so as to raise their great traces.

di'un aniya juwa erin duin biya

明　年　夏　　四　月

이듬　해　여름철　4　월

Summer April of the next year

[17] 詔以得勝陀事訪於相府　謂宜如何?

xutuŋgigama ba jonbure onjeeši fanjumai seme gurun ni begise

得勝陀　　　　　think　　如何　詔　　　　相府　訪

후퉁기가마를 어떻게 생각하느냐 묻기 위해 재상 사무실을 방문하니

in order to ask what they think of Hutunggigama, visited the Minister's office, and

相府訂於禮官　禮官以爲昔唐玄宗幸太原

gurun ni begise dorogi i begise dorogi i begise taŋ xiénsuŋ taiŋüän du genebii

相府　　禮　官　於　訂　禮　官　唐　玄宗　太原　幸

재상 사무실은 예　관에게 부탁; 예　관은 당　현종이 태원에　행차하여

Minister's office asked to the ceremonial official, who said that Tang Xienzong went to Taiyuan

嘗有 "起義堂頌" 過上黨 有 "舊宮述聖頌"

taŋ ni jouŋ bifuwe

起義　堂　頌

起義　堂　頌　　序를 짓고

to write the preface of 起義堂頌 and

[18]

年丈 禿 令史 斥 伏□ 睾欠 更年
年丈 禿 令矢 斥 伏夾 罕欠 更年
fuᵈe guŋ aciburu ba merwi jouŋ bifu
舊 宮 聖 述 頌 有
舊宮述聖頌이 있어
made the chant of Holy Description in the old palace.

今若仿此 刻頌建宇
辛乇 夂 甬舌甬 睾欠 □ □□□金□ □□□□□□
辛屵 夂 甬舌甬 罕欠 丈 夭糾□杲□ 屍氚 玫杲夫
tetu weile gacaga jouŋ be radi□dulu bogo foonmai
今 若仿此 頌 建 宇 刻
이제 이와 같다면 노래를 지은 건물에 새긴다.
Now if it is so, we engrave the song in the newly constructed house.

[19] 以彰聖蹟 於義爲允 相府以聞 制曰: "可."

令矢 麤夂 免 夬夬夬孟 作阝旻 囷土 風杂 更 乃友朱 □斥□ 更杂 夂
令矢 侯夂 免 夬夬夬孟 作阝斥 囷土 羊 風杂 反 乃友夫 丙尓恭 杲求 夂 帘局夫
aciburu soŋxo bo šircibureši tixaigi gurun ni begise adi jaolamai[1] xadaaga šidan weile dondilumai
聖 跡 彰 相府 於義爲允 聞
거룩한 자취를 표창하려 함에 따라 나라의 재상들 등이 아뢰었으며 처결한 정사政事에 대해 들었다.
As the ministers and others commemorated the holy traces, the decision was delivered.

[20]

杲 冘 伄方 仵 夌 甬皮 佟 欠 血孟 半 血尚升 史
杲 冘 伄方 仵 夌 甬皮 佟 欠 血孟 半 血尚升 史
alalwa doro: buwexuwe niyalma ke inu bitxe i juᵈu do endexéi be
獻文: 臣 可方 文字 道 罪
헌문: 신하된 사람은 가히 옳은 글의 길에 처벌을
Dedication Letter: As for vassals, based on the possible right path to writing,

杲列 蕠 立□□ 更更庅 攵亥盃升 赤养杲 □芇丈甬丈 □□ □夂□
杲半 立氚帀 更更庅 攵亥壶升 赤养杲 屵欠 帀丈 芇犬壶升 甬夂□
tondo enšeai biciibal mutebuxéi jasafu jouŋ aira dadenbuxéi dala
待 然則 成 功 頌 美 形容
충심으로 기다리다 보면 달성되는 공로의 칭송, 단정한 외모에까지
waiting sincerely for punishment, and the neat appearance, which are

---

1) jaolamai juwerin-mui 乃友夫 寺毛右 召剌哩 拙厄林昧 奏報 █ 상주하여 알리다 inform to [the king].

伇古　　欠　牒叏升　泵叏
伇古　　欠　牒叏升　泵矢
buwexuwe i ejexéi seburu
　臣　　　　　職
신하의　　직책을 수행하는 것.
performing their positions.

茂压□　不辰　反□□　□□　　泵叏　　　伕　丈　尗叏峀　斥□
天反 茂压乑　不辰 屰压分 斥頁伦右 泵叏　　　伕　丈　尗叏峀□
tainu xanxandan basa xujudulu keŋkelemui giyenbii　bitxe be tedenbu□
　欵　　　再　　拜　　　稽首　　　　　　　文　獻
　삼가　　다시 몸을 굽히고 머리를 조아리며　글을　바치나이다.
I dedicate this article by respectfully bending and bowing my head again.
[21]

[田村實造] 犀夨 牟 毛丈　血盂　圝父叏　圝　弓 丈　盉　布圝
[This study] 犀夨 牟 毛丈　血盂 屰父甲　巳 弓 丈　盉　布厚
Kitan ni erin'e ju'u buruwexa ta exe be abga dondilu
　　　　遼　季　道 失　　　腥　　　天　聞
　　거란의 말년에 도를 잃었고 그 악행을 하늘이 들었다.
　　Khitan has lost the way in the last years, and the heaven heard its evil deeds.

朿丈　盂美 丈 父盂右 亡素夨 □ 血甲　尚土 □□　　呼屌
朿丈　盂美 丈 父盂右 亡素夨 □ 血甲　尚土 圝苹夨 呼屌
jule'e erge be wešimui turgara　cooxa nuši merxexe bandilu
　東　　著　顧　　　　武 元 實　　生
　동　쪽 을 올라서 바라보라;　무원황제가 실로　살아 있다.
Look up to the East; Emperor Aguda actually lives there.

夅米　泵米 元礼　　　禾 欠　圝斗男 不 圝宁
叒　泵夨 泵米 元礼　　　禾 欠 斉斗男 不 覔耆 关 □系
xoŋ　seru mini mafa　　abga i waulxuxin ba fulire jen □še
皇夨　我 祖　　　　　天 之 祜　　　受
임금이 된 우리 할아버지는 하늘의 도움을　행한 바였다.
Our ancestor, who became an emperor, practiced the heaven's help.

用乱圝 卦爻未 禾 欠 卉峀 □□ 夯埜奐 □□ 令矢 血甲
用乱夨 卦爻未 禾 欠 卉峀雑 夯友夨 □□ 令矢 血甲
ujebimai yabušou abga i endexéi　xadalamai　aciburu cooxa
　恭　　行　　天　罰　　布昭　　　聖　武
　삼가　행하니　천벌;　　이끄니　　성　무 황제
The great emperor practiced carefully heaven's punishments and led the people.

[22] **ᡨᡠᠷᡤᠠ�南ᡝ ᡳᠨᠠ □ᡠ ᡝ　　□□ ᡠ ᡝ ᠨᡳ ᠰᠠᠯᠣ ᡩᠣ ᠷᠠᡵᡠ ᠰᡝ ᠵᠠᠰᠠᠮᠠᡳ**

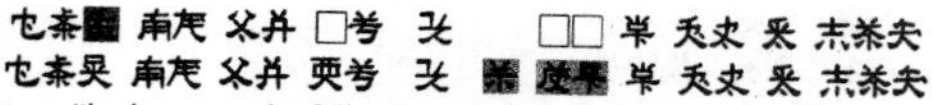

turgaši ina   wedu fulire jen   ni salo do raru se jasamai
　　　　　有卷者　　　　　阿/陂陀　　　望之
앞에 보이는 저 굽이치는 큰　　언덕에 새긴 세월동안 다스리며
Ruled over the years carved on that winding hill, and

ᡍᠠᠨᠨᠠ
ᡍᠠᠨᠨᠠ □□
xanna

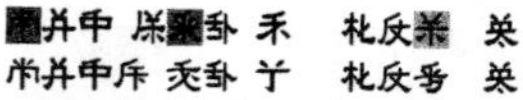

᠁ᠠᠮᡳ ᠰᠣᠨᡳᡤᡠ ᡳᡍᠠ ᡩᠣ ᡍᠠ ᡳᡍᠠ
ᡒᠠᠮᡳᠷ ᡳᡍᠠ ᠶ ᡳᡍᠠ ᡍᠠ ᡍᠠ
xuduxagi widi ningu xiyanugai xutu
　　　大　　巡　六師　　告以福禍
위대한　　　여섯 점술가의　　점괘가
The divination of the six great fortune-tellers

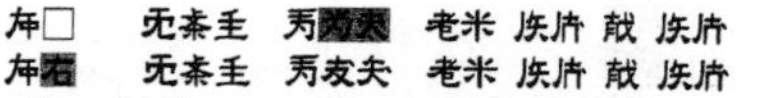

ᠠᠷ□　　ᡝᠯᠰᡝ ᠮᡠᡳ　ᠵᠠu　ᡝᡵ ᡳᡍᠠ ᠰᡠᠨ ᡍᠠ
ᠠᠷᠠ　　ᡝᠯᠰᡝ ᠮᡠᡳ　ᠵᠠ ᡝ ᡵᡠ　ᡝᡵ ᡳᡍᠠ ᠰᡠᠨ ᡍᠠ
xelsemui jašigasun xadalamai akjan gese tali gese
　　　　　　　明明之令　　　霆　如雷如
이르되　"명령을 받듦에　벼락치듯 번개치듯
said:　　"Do it like lightning at the command.

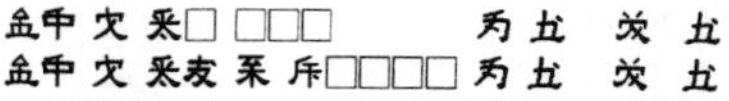

ᠴᠣᠣᡍᠠ ᡳ ᠰᡝᠯᠠ □ □□□　　ᡵᡝᡤ ᠯᡳ　ᠴᡝ ᠯᡳ
ᠴᠣᠣᡍᠠ ᡳ ᠰᡝᠯᠠ ᡝ ᠷᡝ ᠯᡠ□□□□ᡵᡝᡤ ᠯᡳ　ᠴᡝ ᠯᡳ
cooxa i sela alawa gi　　　　lefu ere tasxa ere
桓桓之士　　　　　　　　　　熊如　羆如
군사의 행동은 칙령으로,　　곰처럼　호랑이처럼."
Military action is by edict, like a bear, like a tiger."

[23] **ᡨᠠᡳᠰᡠ ᠨᡠᠨᡠ ᡨᡠᡨᡳᠪᡠᡵᡝ□ᡝ ᡝ ᠨᡳ ᠰᠠᠯᠣ**
ᡨᠠᡳᠰᡠ ᠨᡠᠨᡠ ᡨᡠᡨᡳᠪᡠᡵᡝ ᡝ ᡝ ᠨᡳ ᠰᠠᠯᠣ
taisu nunu　tutibure jen ni salo
太祖 先是　首登　　高 阜
태조가 먼저　오른　높은 언덕
The hill where Taisu climbed up first

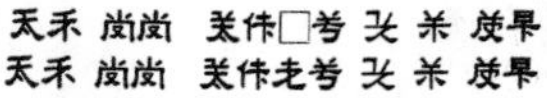

丕 丏　兂苸 莪□□ 屯恭昆　厑芝 丹厈　兮□早
丕　兰土 兂苸 莪壬□ 屯恭昆 厑芝 丹厈　早中早
abga bun　fijur sabiorgo turgaxai onon fannu　loxalo
天　自　靈　睨　觀睹　　事　駭
하늘로부터 영험한 징조, 바라본 어떤 사건은 놀랍다.
A spiritual sign from heaven; a certain events are amazing.

□□□□□兂丕　令夊 亐 肴炭 釆 丹▩ 峃禹
仟　　釆兂丕　令夊 亐 肴炭 釆 丹炗 峃禹
niyalma fusemaa　aciburu beye xoldon ni duwi dege
人　仰　　聖 質 喬松　　如澟
사람들이 우러르는 임금님 옥체 소나무꼭대기처럼 높다
The emperor's body is as high as the top of a pine tree.

冭 □兂丕 ▩▩　▩昆 侢列　牛昦 ▩ 夆列 夆釆
冭 □□拜 兄丕 号用令昆 侢列 □ 牛昦 叉 夆列 夆釆
ala　aci šaŋa fulidajixai murin　kešin du tein amban
其所　　乘 馬 崗阜　穹崇
그 곳에서　타고있던 말은　언덕처럼 커다랬다.
The horse he rode there was as big as a hill.

[24]
鳫充 丈 屯恭盂 斥旲仟 灵叏 丹厈 ▩□　什　屸
鳫充 丈 屯恭盂 斥旲仟 灵叏 丹厈 侢列 什　屸
xaʔan du turgaši　jo jeʔun buru　fannu murin niyalma do
帝　視　左 右 亦　異 馬 人
임금에게 보이는 좌 우　또한 달랐다, 말과 사람에게.
The left and right sides, horses and men were seen different.

釆旀 ▩ 夆买 ▩尤禹 夊　▩血旱 冢叏 欠 莪壬
釆旀 夂 夆买旲 尤 斥夊 □□ 斥血旱 冢叏 欠 莪壬 禾
sema ese t etungiyen goi xuma　bajuki alaru i sabior
日 此　美 征　敵 勝 之 端
이를테면 이는 흠결이 없는 정벌;　적을 쓰러트릴 징조였다
This was a so called flawless conquest; the sign of defeating the enemy.

夂 岙古娄□□ 另乏良 ▣▣

呈 夂 岙古娄耒另 另乏良 交克 库戈 夆 垟斥
šu du šienbureki xinaxai uluma fuseden doxo nargi
諸君　　勉之　　　往無不利
여러분 힘써라,　예의바르고 강성하면 나무도 말끔
Work hard; if we are polite and strong, the tree is clean.

▣血另 ▣ 冘良 朴禸来 矢娄 右另 ㄊ □
屮血另 斥 冘良 朴禸来 矢娄 右另 ㄊ ▣
bajuki ba alaxai taodagisa gebu muiki ere bua
　師　　　勝而　遷　名　　　　此地
적을 이기고 돌아오면 이름을 새기리라, 여기에.
Beat the enemy, and your name will engraved here.

[25]
屯乑 血丠 叒申史 ▣ 朴娄史 ▣ 欠禸半 夺隶为禸
屯乑 血丠 叒申史 斥 朴娄史 另 欠禸半 车隶为肖
fijur ju'u daxaru ba yaburu i i da du □obuma ta
神　道　都　　設　易　經　　著辭
신의 길 따르는 것을 행하라; 주역에　기술되어 있다.
Practice the spiritual way, which is described in I Ching.

米带禸□夂 □艮▣ 凫□□ 更升　夂 冞夂 ▣
米禸巿舛 半 史艮史 凫禾升 更升　夂 冞夂 先
firxuwa do bejeru doro ušixéi bixéi weile fu'e šira
厭勝　之　法　　　　有之　　自古
주술로 가위눌리게 하는 법에 젖어있던 일은 옛 신라 때.
The sorcery to get sleep paralysis has existed in the Old Silla age.

娄米 血申 店□　毛利　▣▣申 ▣　采栽 反卦
娄米 血申 店夬 半 卆利列 伟帯 枭列 赤来玭 朵朴 反卦
mini cooxa tuŋi do tein gita uciin jafunere segui adi di
我　軍　雲　如　戈　甲　相　　屬
우리 군대는 구름　같고 창과 갑옷　서로　엮였다.
Our army is like a cloud; spears and armors are well together.

fijur tuwi gexuŋ yooxuŋ ficiŋ tefulido i tumen fibun
神　　火　焰焰　　　　光　　浮　　　萬　燭
신 불은 밝고 뚜렷하여 빛이 떠올라　　만개 촛불.
God's lights are so bright that it floats like 10000 candles.

abga biiwi yoxuŋ ju'u　　ere i gese tetun □yasu
天　　有　顯　道　　　厥類　惟　彰
하늘에는 밝은 길이 있고　이처럼　늘 드러난다
There's a bright road in the sky, and it's always revealed like this.

[26]

gurun bogo ineree šumuxa sabiorgo ele□ šaŋki
國　家　將　　興　禎祥　必有
국가가 바야흐로　흥함에 길한 징조를 반드시 생각하라.
When the state is prospering, surely think of a good sign.

jou u　i dixa acidulu faruludu oŋ ni bogo do towi eimui
周武　　戎衣　　　　　王　屋　　火　流
주무왕의 배가 움직이도록 파루루두 왕의 집에 불을 냈다.
King Faruludu's house was fired so that Zhou Wuwang's boats moved.

Xan Gau tuira xadalmai fijur ni xutu doloo soŋgoru
漢　高　奮　劍　　　素靈　　夜　哭
한 고조가 검을 휘둘러　귀신들이　밤에 운다.
Because Han Gaozu wielded a sword, ghosts cry at night.

sabior baimuiru jaxina　　wešin²e tuŋi šu²e goiyu
命　受　符　　　孰　雲　貞　非
명령으로 받은 표시;　어떤 구름이 곧지 않을까?
Mark given as an order; which cloud wouldn't be straight?

[27]

endexe　seru　suŋ　ŋüän　²unsun leduli be garci mo□
咄　　彼　宗　元　　逐　誣　尚明
처벌　한　유종원　드디어 모함을 벗어버리다.
The punished Liu Zongyuan finally escapes from the trap.

etexéi alaxai sabiorgo　　šun du tein　yooxoŋ ala
勝　得　之祥　　　日　如　果果
이기고 짐은 징조가 있고　해처럼　　밝게 드러난다.
Victory or defeat has a sign earlier and is as bright as the sun.

te　du　išidala　futei　saladai　ušin　du　weile　be dirxuwedulu ešin
今　至　遺　老　疇　道　樂　弗
여태껏　　선조들은　밭에서　일을　즐기진 않았다.
Until now, ancestors have not enjoyed working in the field.

aciburu ancun ni abga i jui　　cooxa nuši ni omološi
聖　金　天　子　　武　元　神孫
거룩한 금나라의 하늘의 아들,　무원 임금의 자손들
The holy heaven's son of Jin; descendants of Military First Emperor.

[28]

uliti fanti giaoxobuma dorogi xi xien be šaŋki laolamai
朔　　南　　化被　　　德　　義　軒　　　　　侔
북쪽 남쪽 교화하며 덕으로 복희 헌원에 알려 힘쓴다.
Edify the north and south; try to know Xi and Xien by virtue.

fu'e gurun duši albamui išibii niŋu muduse eulu
舊　邦　眷　言　　　　　　　六　　龍　戾止
옛 나라를 그리워하여 이르니 여섯 용이 도착하였다.
When arriving missing the old country, six dragons arrived.

niŋu muduse eulu　　　bira alin fu'e　　yé xina
六　飛　戾止　　　　江　山　　　良是
여섯 용이 도착하니　강산은 옛날처럼 바르게 되었다.
When six dragons arrived, the nation became as right as before.

aciburu mafa i　　sadasexai dušabure ba jonbii
我烈　　祖　　開創　之　勤　　　念
거룩한 조상이 [나라를] 세운 노력을　생각하라.
Think of the efforts of holy ancestors to build [the country].

[29]

edun dolo dimai aga do obomai amban jasaxai ikta denderu
風　　櫛　雨　沐　大　　勛　集　用
바람 속에 와서 비에 흠뻑 젖었으니 큰 업적이　모일 수 있겠다.
You have come in the wind and are soaked in the rain, so you will get great results.

aciburu erwee icebumai aliluye   aciburu mutebuxéi
聖　　　容　　　　 旣新　　　　　 聖　　 功　　 卽高
거룩한 초상화를 고쳐 주니 거룩한 업적이 드높다.
After fixing the emperor's portrait, holy achievements are high.

tetun joon be uje te tuko jai   bii²un eixe
永　　志　　 克　　　　　　以爲　未
길이 뜻을 받드나 이제 겉 모습은 다시 있지 않다.
We honor his will forever; now there is no appearance again.

[30]

bure tebu alaru xutuŋgi ta xutuŋgi sure mini mafa gebu biialba
惟　 此　　　 得勝　　　　　　　　　　　　 我祖　 所名
허나 이 이긴 후퉁기, 그 후퉁기는 똑똑한 우리 조상이 이름붙였다.
However, this hill of victory, Hutunggi, was named by our ancestors.

[30]

ere weile be dabjeru **Širga** uliburugi sailamai dilgan du merxe ense²e
其事　　　 詔以　　　　　　　　　　　　 載諸頌聲
이 일을 알린 시르가는 이바지하려 낸 아름다운 소리로 상을 받았다.
Shirga, who informed this affair, won the award for his pretty sound.

uen oŋ diran bifumai gebu dir²an be jisudulu
文 王　 聲　 有　　 適駿　 聲　　　 有
문왕은 큰 소리를 내었다. 명성을 떨치려고 힘썼다.
Wenwang made a big voice; he tried to make a reputation.

mafa i mutebuxéi jasaxéi ficiŋ erin ina ušixa gese
祖　　　　業　　　　明　時　　[星]
조상이 달성한　업적이 빛나는 때는　저　별과 같다.
The time when ancestors' achievements shine is like that star.

[31]

di buru oŋ xuderli sabiorgo miŋgan aniya seŋinge jasara
帝　王　　符　　千　載　　合契
제왕에　걸맞는 징표;　천　년 혈통 다스리기
Mark consistent with the ruler; a thousand years of rule,

gi fulibure cunlisun geendulu tumen jala du dabjeru
姬　配　　　　　萬　世　於　詔
희로 하여　여유와 짝짓게 하니 만세에 알리고 있다.
Making him marry Gi are delivered for myriad years.

[32]

amban nanxaxai orin šunja aniya nadan biya orin jakun ineŋi ilišou
大　定　二十五　年　七　月　二十八　日　立石
대정　25년 [1185년]　7　월　28　일　세우다
The monument was built on July 28, 1185.

[실린 곳] 《최범영 : 여진어 사전》 (옥천군, 나무바야 출판사)

(2023. 3.) p.p. 283-300.

찾/아/보/기

저자 | 김동소(金東昭)

순천(順天) 김씨 절재공파(節齋公派) 39세손. 개성 출신. 호 열뫼[開山].
대구가톨릭대학교 국어국문학과 명예교수. 한국어의 역사와 알타이 어학 전공
• 전자 우편 : jakobds@daum.net, jakob@chol.com, jakobphd@gmail.com
• 누 리 집 : http://www.dongso.pe.kr

| 주요 지은책 · 옮긴책 |

《막시밀리안 콜베 (Le Secret de Maximilien Kolbe)》(번역, 1974/1991, 성바오로출판사).《同文類解 滿洲文語 語彙》(1977/1982, 분도출판사/효성여대 출판부).《韓國語와 TUNGUS語의 音韻 比較 研究》(1981, 효성여대 출판부).《언어 (言語の系統と歷史)》(공역, 1984, 형설출판사).《알타이어 형태론 개설 (Einführung in die altaische Sprachwissenschaft)》(번역, 1985, 민음사).《女眞語,滿語研究》(1992, 北京, 新世界出版社).《한국어 변천사》(1998/2005, 형설출판사) [문화관광부 선정 우수 학술 도서].《김동소의 쌈빡한 우리말 이야기》(1999, 정림사).《석보 상절 어휘 색인》(2000, 대구가톨릭대 출판부).《원각경 언해 어휘 색인》(2001, 대구가톨릭대 출판부).《역주 원각경 언해 상1지1》(2002, 세종대왕 기념사업회).《역주 남명집 언해 상》(2002, 세종대왕 기념사업회).《중세 한국어 개설》(2002/2003, 대구가톨릭대 출판부/한국문화사).《역주 구급방 언해 상》(2003, 세종대왕 기념사업회).《韓國語變遷史》(2003, 東京, 明石書店).《한국어 특질론》(2005, 정림사) [문화관광부 선정 우수 학술 도서].《한국어의 역사》(2007/2011. 대구, 정림사).《역주 구급 간이방 언해 1》(2007. 11. 30. 서울, 세종대왕 기념 사업회).《한국어와 일본어의 비교 어휘》(공편, 2007, 제이앤씨).《한국어와 알타이어 비교 어휘》(공편, 2008, 제이앤씨).《말 찾아 빛 따라》(2009, 경인문화사).《만주어 마태오 복음 연구》(2011, 지식과 교양) [문화관광부 선정 우수 학술 도서].《만주어 에스델기》(2013, 지식과 교양).《소암 김영보 전집》(2016, 소명출판).《만주어 사도행전》(2018, 지식과 교양).《만주어 마카베오기》(2023, 지식과 교양). 그 밖 몇 권.

| 논문 |

- "慶源 女眞字碑의 女眞文 硏究" (1988, 《효성여자대학교 논문집》 36집).
- "東洋文庫藏 滿洲文語 聖書稿本 硏究" (1992, 《신부 전달출 회장 화갑 기념 논총》).
- "最初 中國語, 滿洲語 聖書 譯成者 賀淸泰神父" (2003, 《알타이학보》 13호).
- "한국어 변천사 연구에서의 일본 제국주의 식민 사관의 자취" (2003, 《국어국문학》 135호).
- "동아시아의 여러 언어와 한국어 —한국어 수사의 대조 언어학적 연구—" (2004, 《어문학》 93집).
- "이른바 알타이 조어의 모음 체계와 한국어 모음 체계".(2006, 《국어사 연구 어디까지 와 있는가》).
- "最初汉语及满洲语〈圣经〉译者—耶苏会士贺清泰", 林惠彬汉译, (2015, 《國際漢學》 3. 北京, 外语教学与研究出版社).
- "여진 문자의 연구 자료" (2015, 《한글과 동아시아의 문자》).

그밖 80여 편.

| 논설 |

- "내가 받은 여진 · 만주 글자 새해 인사 편지". 《한글 새소식》 제365호 (2003, 한글학회).
- "우리 교과서의 '고구려' 문제". 《2004년 2월 20일자 한겨레신문 (4989호) 19면[특별기고]》.
- "각국어 성경으로 보는 세계의 언어와 문자 (1) — (10)". 《한글 새소식》 제448호-458호. (2009-2010, 한글학회).
- "아버지의 추억 —희곡작가 김영보(金泳俌)—", 《근대 서지》(2010, 근대서지학회) 제1호.
- "김영보(金泳俌)의 〈숯싸운 선물〉(1930)에 대하여", 《근대 서지》(2010, 근대서지학회) 제2호.
- "소암 김영보(蘇岩金泳俌) 간략 전기", 《근대 서지》(2015, 근대서지학회) 제11호.
- "소암 김영보의 신발견 희곡 〈가을〉", 《근대 서지》(2020, 근대서지학회) 제22호.

그밖 300여 편.

여진 문자와 언어 연구

초 판 인 쇄 | 2024년 6월 29일
초 판 발 행 | 2024년 6월 29일

지 은 이 김동소

책 임 편 집 윤수경

발 행 처 도서출판 지식과교양
등 록 번 호 제2010-19호
주 소 서울시 강북구 삼양로 159나길18 힐파크 103호
전 화 (02) 900-4520(대표) / 편집부(02) 996-0041
팩 스 (02) 996-0043
전 자 우 편 kncbook@hanmail.net

ISBN 978-89-6764-208-2 93700 　　　　　　정가 21,000원